CA、モデル、六本木の高級クラブママを経た
女流官能作家が教える

いつまでも魅力ある女性の秘密

蒼井凜花 Rinka Aoi

Forever and ever
Secret of Beauty

WAVE出版

はじめに

みなさん、はじめまして。

元ＣＡ（客室乗務員）の官能作家で、コラムニストの蒼井凜花です。

官能小説では主にＣＡ官能や人妻ものを得意とし、その他、女性向けの美容やモテに関するコラムも書いております。

短大卒業後、ＣＡ、モデル（オスカープロモーション所属）、六本木のクラブママ、官能作家、という道を歩んできました。

どの職業も、その年齢なりの美しさを求められ、人を観察し、人に快適さを感じてもらい、人間の残酷《ざんこく》で醜《みにく》い部分も知った上で悪意に引きずられず、周囲といい人間関係（ＷＩＮ―ＷＩＮの関係）を築くということは共通しています。

また、長年肌のトラブルに悩まされたことから、美容に興味を持ちはじめ、２０１８年に「コスメ・コンシェルジュ」のライセンスを取得しました。

この本は「大人女性のモテ」「人から大切に扱われる女性」について、ＣＡの視点、クラブママの視点、そして官能作家としての視点から、経験やリサーチに基づいたお役立ち情報をお届けしています。

みなさんが「これならできそう」と思ったものだけ取り入れてくだされば嬉しいです。

いちばん重要なのは「あなた自身が幸せである」かどうか。

ストレスを溜めこんでしまったり、あなたのライフスタイルに反することだったり、大切な家族や友人と疎遠になるようなものは、取り入れないでください。

何を大切にし、何を優先するかは、あなた自身が決めることです。

私はこれまでに、すさまじい美人を数多く見てきました。

ですが、男性が群がるモテ美女たちが全員幸せかと言えば、「NO!」と断言できます。「美しさ+モテ=幸せ」の方程式は成り立ちません。

若さや美貌《びぼう》は武器になりますが、美と釣り合うだけの「知性・経験・成熟した精神」がなければ、搾取《さくしゅ》され失墜《しっつい》するのが実情です。

とくに高級クラブは人気商売ですから、嫉妬《しっと》とやっかみはつきもの。

同性からはもちろん、ときに異性やお客さまも手強い敵に転じる場合があります。

「いかに敵をつくらずにステージアップしていくか」「嫉妬された場合はどう振る舞うのがベストなのか」など、この本ではそういった内容にも触れています。

本書はモテ本の一種ですが、「モテ」「意識高め」などの言葉に踊らされずに、あなたがいちばん心地よい毎日を送ってください。

そして、あなたを取り巻く大切な人たちにも、たくさんのハッピーを届けましょう。

もくじ

いつまでも魅力ある女性の秘密

第2章「おばさん」と「大人の女性」の違いはわずかな差

〜オバ化をストップして年齢不詳のキレイな女性に

第3章 男性との距離「45センチ以内」に「10秒」で入るために

～あっという間にすんなり距離を詰めるモテ技巧

第4章 じつは男性を遠ざける「こんな女」にはならないで
～モテる女だけが知っている「男の本音」とは？

第1章

自分史上
最高の輝きを
手に入れるための
ルックス

〜「大人の女性」は
見えないところにも気を配れる

昔といま、あなたはまったく別人の体
でも、見た目を気づかえば、そこから人生が変わります

私は現在、身長166センチで体重48〜49キロをキープしています。

年齢を重ねると、「体重などの数字より、ボディラインが重要」とは言われていますが、自分の着たい洋服、なりたい自分を思い描いたとき、この数値をキープすることはひとつの指標。人生のテーマになっています。

毎日、細胞単位で年を取っていくのですから、外見を何も意識せず、肌や髪、細部などのお手入れもしなければ、老化していくのは避けられません。

しかし、自分に手をかけてあげれば、応えてくれるのが私たちの体。

「健康美と年相応の美しさ」を心がければ、あなたは周囲から丁寧《ていねい》に扱われ、居心地のいい毎日を送れるはず。

近年、美しい大人の女性が増える一方で、「姿勢さえ気をつければ……」「ヘアスタイルだけこうすれば……」というような、「あとひと手間かければ、より輝けるのに」と思える残念な例を見かけることも増えました。

自分では、20代のときと変わらないつもりでいても、立ち姿、歩く姿、後ろ姿、以前とは違うヘアなどに「老い」が表れているのです。

内面の充実とともに、ルックス磨きを怠らずにいると、周囲からぞんざいに扱われることはありません。

髪、肌、ボディ、メイク、洋服を気づかうことは、人生を豊かに過ごすひとつの手段。ちょっとしたポイントさえ押さえておけば、「オバさん」ではなく、「魅力的な大人の女性」に見てもらえるのです。

この章では、溌剌《はつらつ》としたルックスをつくるコツを、CA時代、モデル時代、クラブママ時代の経験を踏まえてご紹介していきます。

年齢の壁を越えて魅力を感じさせるような〝見た目改革〟を、ぜひ取り入れてみてください。

「髪」についての4つのお手軽テク
後頭部を「盛る」だけで、一気に特別な女性に

女性の美を構成する重要な要素のひとつが、「髪」です。

一般的に「人の第一印象は7秒で決まる」と言われ、さらにその印象の多くがヘアから受けているとも言われています。

しかし、日本人女性の7割が、髪で損をしていると囁《ささや》かれているのも事実。

髪がいかに印象を左右するか理解しておらず、美容室に行く回数が圧倒的に少ないことが原因だと『女の運命は髪で変わる』（サンマーク出版）の著者で、日本初のヘアライター・佐藤友美さんがセミナーで話されていました。

「たかが髪でそこまで印象が変わる?」と思われるかもしれません。

でも、私自身、六本木のクラブで働き、髪を毎日セットするようになってから、いか

に髪が女性の美しさと魅力につながるか、身をもって学びました。

華やかなドレスをまとい、完璧なメイクをしても、ヘアスタイルが決まらなければすべてが台なし。一気にルックス偏差値を落としてしまいます。

では、どのような点に気を配ればいいのか、ご紹介しますね。

1・「ぺちゃんこ頭部」が魅力を奪っている

トップには高さ、後頭部はふっくらの「盛り髪」に

みなさんは、いつもヘアスタイルのどこに注意をはらっていますか？

ツヤ・白髪・きちんとブローがされている・前髪が決まっているなどでしょうか？

もちろんどれもが正解です。**若々しい髪に欠かせないものが、白髪のないツヤのある髪であり、丁寧なブローをするのもとても重要。**

では、シルエットはいかがでしょう。

たいていは「正面の鏡から見てキレイかどうか」をチェックしているのではないでしょうか？

しかし、CAもモデルもホステスも、ヘアスタイルでもっとも重視されるのは「トップ（頭頂部）と後頭部のボリューム」です。

髪の長さにかかわらず、トップと後頭部をふっくらさせた「盛り髪」をつくることが大事。「盛り髪」は周囲に対し、知性・高貴さ・特別感といった印象を与えるのです。

テレビで活躍する女性のニュースキャスターや、レッドカーペットに登場する女優なども、後頭部にボリュームを持たせています。盛り加減によってはゴージャスにもセクシーにもなり、知的で信頼のおける印象も与えられます。

エレガントな女性に見えるため、軽々しく扱われず、接客業なら「クレームも言われにくい」と評判です。

逆に、トップや後頭部にボリュームがなく、ぺちゃんこだと知性に欠け、貧相や老け見えなど、ネガティブな印象を与える傾向にあります。

日本人に多い「絶壁」と呼ばれる後頭部の方はもちろん、加齢とともに、髪のボリュームが減ってきた方は、トップと後頭部を盛る、ふっくらシルエットをつくりましょう。

「盛り髪」をつくるための強力なアイテムは、マジックカーラーです。

NGヘア

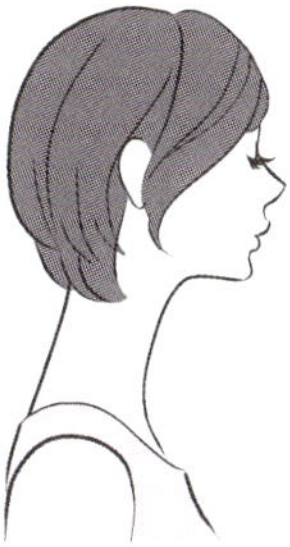

OKヘア

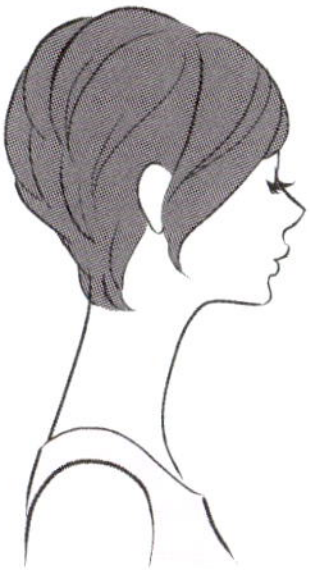

1 トップ（頭頂部）と後頭部をふっくらさせた「盛り髪」をつくりましょう。「盛り髪」は周囲に対し、知性・高貴さ・特別感といった印象を与えます。

つくり方

2 ①マジックカーラーを後頭部の「ゴールデンポイント（あごと耳の上端を結んだ延長線上）」と呼ばれる位置に巻きます。

3 ②そのままドライヤーを使い、その後にスプレーで整えるだけでOK。

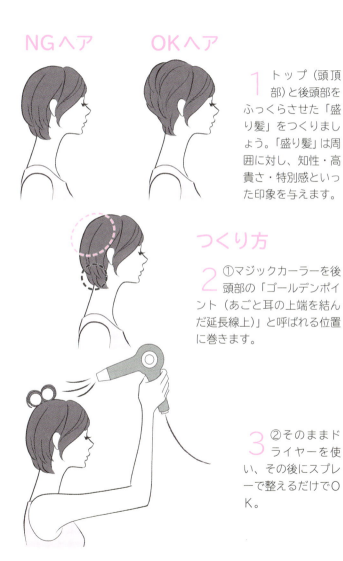

マジックカーラーとは、マジックテープのように表面に起毛がついたヘアカーラーで、ピンやクリップがなくても、しっかりと髪をからめて固定することができます。

これを後頭部の「ゴールデンポイント（あごと耳の上端を結んだ延長線上）」と呼ばれる位置に巻きます。ポニーテールをつくる位置ですね。

そのままドライヤーとスプレーで整えるだけでOK。

時間も、普段の手入れにプラス5分程度。

巻くのは2か所くらいでOKですが、髪の量やスタイルによって、増減しても構いません。ご自分にとって何個くらいが適度なのか、いろいろ試してみてください。

ちなみに、ショートカットの私は、直径4センチのマジックカーラーを愛用していますが、いくつか種類があるので、髪の長さによってチョイスしてくださいね。

ロングヘア、ミディアムヘアの場合は、髪の根元部分にカーラーを置き、根元から一回転巻きつけ、同様にドライヤーで仕上げます。

昔は「巻く」といえば毛先のほうだったと思いますが、大人に大切なのは「根元の巻き」なんです。

ＣＡのシニヨン（お団子）スタイルにする際にも、シニヨンの位置は低すぎないよう指導されます。

位置が低いと、一気に老けた印象になってしまうからです。

だらしなく貧相な印象を与えるほつれ毛もＮＧ。

コームで梳《す》き、スプレーやワックスで目立たないように整えます。

盛り髪のメリットは、知性や高貴さを与えるだけでなく、３６０度どの角度から見られても美しく見えること。

不意に訪れる運命的な出会いも、前からだけとは限りません。

盛り髪マジック、ぜひ一度お試しください。

2・くっきり分け目は今日で卒業

老けないのは「ふんわり曖昧分け目」

老け見え髪にいっそう拍車をかけるのが、きっちりしすぎた髪の分け目です。

本人は〝きちんと感〟を出しているつもりでしょうが、分け目をしっかりつくると、頭皮の肌色部分が目立ち、より老けた印象になってしまいます。

私は電車内で立っている際、つい目の前に座っている人の頭頂部を見てしまうのですが、20代に見える女性でも「意外に頭皮が透けて見えている」人が多いんです。

おそらく、本人は気づいていないと思いますが、ときどき将来の自分に重ね合わせてぞっとしてしまいます。

「老け」を感じさせないためには、ざっくりとジグザグの分け目にしたり、逆サイドの髪を上に流して目立たないようにしたりするなどの工夫をしてください。

美容師さんに相談し、上手なやり方を教えてもらうのもいいでしょう。

自分の頭頂部の状態がわからない方は、スマホで撮影するのがおススメです。

3・傷んだロングヘアはNG!
ミディアム・ショートでモテ髪に

艶やかなロングヘアは、いつの時代も女性の憧れ。

高級クラブのホステスも、8割が華やかなロングヘアです。

優雅さやゴージャスさを損なわぬよう「ショートヘア禁止」の店も存在するほど、女性らしさ＝ロングヘアの方程式はゆるぎないのです。

とはいえ、髪質は変化します。

パサつき、うねり、傷みなどが目立つようなロングヘアでは意味がありません。

うねりの多い髪は、光を乱反射させてツヤを失うため、老け・不潔な印象を与えてしまいます。髪の傷みが目立つなら、思いきってカットしましょう。

ミディアムやショートヘアのスタイルは、見る人にハツラツとした印象を与えますし、小顔効果も期待できます。ドライヤーの時間も短くすむので、お手入れも簡単。

大人の女性には、ぜひ選択肢のひとつに入れてほしいスタイルです。

話題は変わりますが、加齢とともに「こめかみが痩《や》せてくる」現象が起こるのをご存じでしょうか？

これが意外に老けて見えるため、美容皮膚科のアンチエイジングの施術では「へこんだこめかみに、ヒアルロン酸を注入」というメニューがあるほど。

鏡を見て「こめかみが痩せて、何となく老けたな」と感じたら、前髪やサイドの髪でさっと「髪隠し」するのも一案です。

4・美容室では「なりたい自分」を伝える

3つのキーワードにまとめましょう

私は「髪」についてのさまざまな知恵を、前述したヘアライターの佐藤さんから学びました。たとえば、美容院でカットしてもらう際、どのように希望を伝えるのがベストでしょうか？

「スタイリングが楽で、似合う髪型にしてください」
「小顔に見えて、若々しく」

じつはこれ、いつも私がオーダーしていた言い方ですが「似合う髪型」ではダメです。

佐藤さんいわく「自分がどう見られたいのかを、3つのキーワードで伝えてほしい」とのこと。

これにはとても驚きました。

同時に、何てポジティブなオーダー法なのだろうと感心したものです。

さんざん考えた末、「上品・知性（仕事ができる）・親近感」を選びました。

ひと口にショートヘアといっても、そのキーワードによってでき上がるショートヘアが変わってきます。

どんな自分に見せたいか、見られたいかを考えることは、自分の望みや要求を明確にするということです。

明確にすることで、自分のビジュアルと中身（性格や好み）に大きいズレが生じず、自信を持ったビジュアルになると思うのです。

ときどき「私なんかがキレイを目指したらみんなに笑われる」などと言って、自分に呪いをかけている女性がいますが、とてももったいない。

すべての女性が美しくなる要素と権利を持っているのです。

胸を張ってキレイになる努力をしましょう。

コラム1

深刻な薄毛の悩みにはミノキシジル

アラフィフともなると、女性も薄毛の悩みが深刻になる場合もあります。

「髪が痩せて、毛量が減った」

「抜け毛が多い」

「地肌が透けて見える」

などという場合は、髪用のサプリメント「ミノキシジル」を利用してみるのも、ひとつの方法です。

私自身も服用していますが、確実に毛量が増えました。

とくに気になっていた額の生え際が黒々として、満足しています。

デメリットは、一時的にむくみがあったこと（これは2週間ほどで落ち着きましたが)。

また、頭髪が増えると同時に、体毛も一緒に濃くなってしまったこと。これは、がんばってお手入れをしています。

インターネットで個人輸入もできますが、使用は個人の責任でおこないましょう。

ちなみに、私が定期的に購入している「オオサカ堂」では、100錠で3000円台とリーズナブル。

鏡を見るたび鬱々《うつうつ》としているのであれば、一度試してみてはいかがでしょうか。

「体」についての4つの秘策
バレリーナの姿勢で、美も運気もアップ

髪の次に心がけてほしいポイントが「体型」です。

極端なダイエットをしてほしいわけではありませんが、肥満＝不健康・自己管理ができていないオバサンのイメージは否めません。

全身をパッと見たときの魅力を決めるのは、「姿勢」です。

極端に言えば、体重やスリーサイズなどの数値的なものは、さほど関係なく、大切なのは「姿勢美人」であること。

どんなにスタイルがよくても、ファッションやヘア&メイクが決まっていても、「姿勢ブス」では魅力は生まれません。

姿勢が悪いだけで、10歳は老けて見えると思ってください。

美姿勢の利点は、モテや気品、知性を感じさせるばかりではなく、周囲からの信頼感も得られることです。

CAの業務に置き換えると、飛行機に乗られるお客さまの中には、「事故にあわないかな」と不安な気持ちで搭乗する方も少なくありません。

そんな不安を解消してあげられるのが、美しい姿勢と、朗らかな笑顔でお迎えすることなのです。

では、どんな点に気をつければいいのでしょうか。

1・猫背・巻き肩は矯正できます！

お手本はバレリーナ

美姿勢のために気をつけるポイントは、大きく分けて次の4つです。

- 背筋をピンと伸ばす
- 胸を張る

おへそを縦に伸ばすイメージで、腹筋を引き締める
肩の力を抜き、首を長く見せる

背筋を伸ばし、胸を張るだけで、自信に満ちて若々しく見えますし、洗練された女性になります。

この2点は、みなさんもよくご存じだと思います。

また、腹筋に力を入れると引き締め効果が高くなり、呼吸も整うので精神面も安定するというメリットがあります。

もう1点、意識してほしいのが、肩の力を抜いて「首を長く見せる」こと。

すっきりと伸びた長い首なくして、美姿勢はありえないと言えるほど重要です。

人間は緊張すると、肩に力が入って首がすくんだ状態になり、首が短く見えます。

首が短いと、肩と顔のあいだがつまった印象になり、顔が大きく見えるばかりか、全体的にもったりしてスタイルが悪く、魅力は半減してしまうのです。

生まれもった体だから変えられない、とあきらめないでください。

OK姿勢[横]

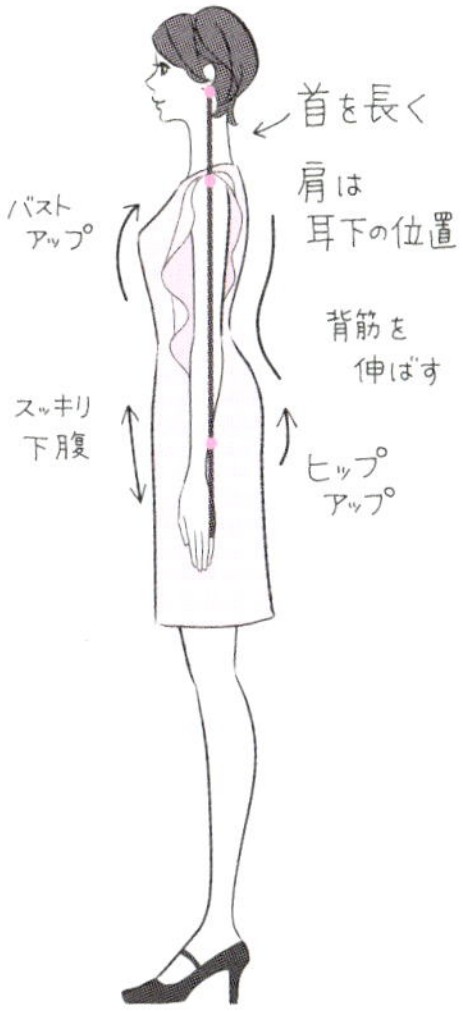

NG姿勢[横]

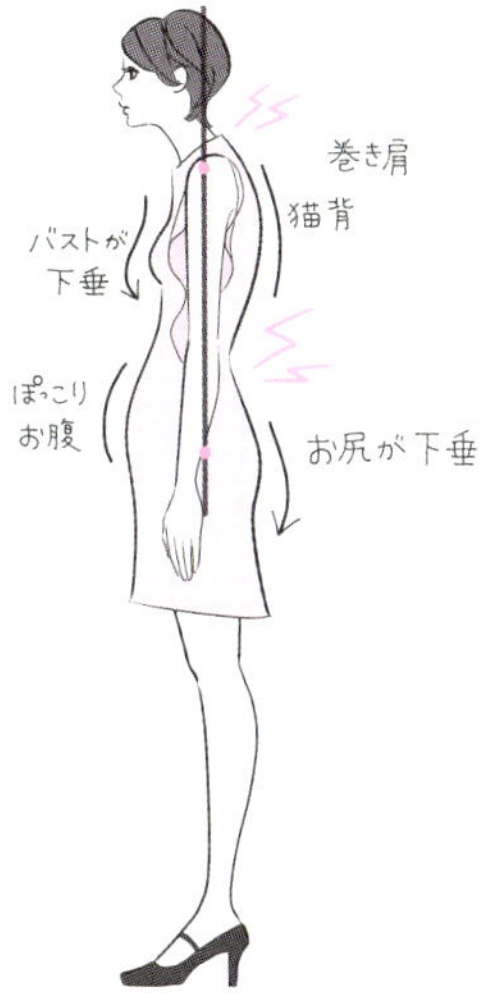

OK姿勢[正面]

NG姿勢[正面]

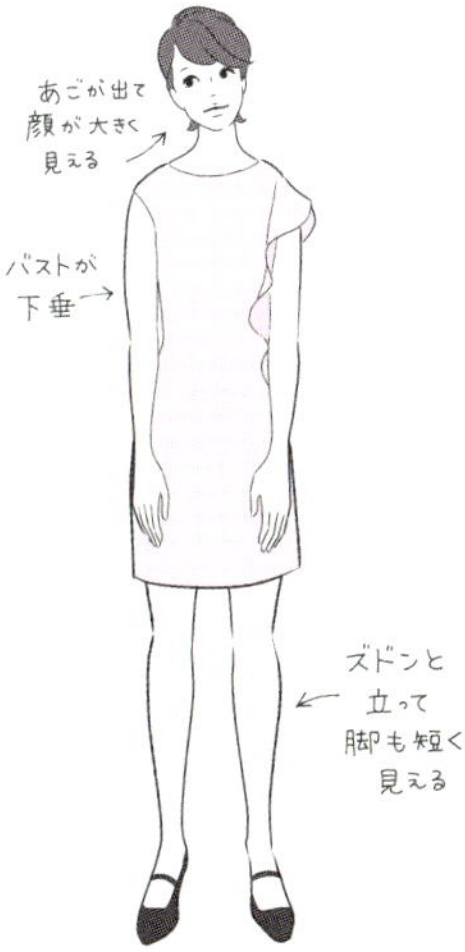

肩の力を抜いて肩を落とし、「縦」のラインを強調しましょう。

美姿勢とスタイルのよさはもちろん、小顔効果にもつながります。

イメージは、バレリーナのスッと長く伸びた首です。

首だけでなく、全身の立ち姿もバレリーナをイメージしてくださいね。


また、美姿勢とは真逆の「おブス姿勢」の大きな特徴が、次の2点です。

肩が内側に縮まった「巻き肩」
猫背

これらの「おブス姿勢」は、スマホの普及や長時間PCに向かうデスクワークの増加とともに、年齢を問わず激増しています。

もしいま、みなさんが電車やバスに乗っているなら、周囲を見回してみてください。

多くの方がスマホを片手に、この姿勢になっているはずです。

「巻き肩」は、周囲にネガティブな印象を与えるうえ、内臓を圧迫して消化機能を弱めてしまう、まさに美容の大敵。

PC作業なら、1時間に1度は、肩や肘を後ろに引っ張ったり、肩甲骨を寄せるようなストレッチをしたりして、軽い運動をしましょう。

私はエクササイズ用のゴムバンドをデスク脇に常備し、両手で持って腕をめいっぱい左右に開き、肩甲骨を寄せるストレッチをしています。

巻き肩と同時に起こりがちな猫背も、老化を早めるとても悪い姿勢です。

クセになると血行が悪くなり、上半身に老廃物が溜まるため、顔のむくみや二重あご、さらには肌のくすみやバストの垂れなど、美容面への弊害《へいがい》にもつながります。

24時間キープし続けることは難しくても、気づいたらすぐに正すことを意識しましょう。

2・「ぺたんこヒール」は靴箱の奥へ
CAも実践！ 2種類のハイヒールでモテ美脚に

女性を魅力的に見せるためのアイテムとして、ハイヒールは欠かせません。

近年、性的差別の視点から、オフィスでもノーヒールを推奨する流れもある一方、やはり「女らしさ」という観点では圧倒的にハイヒールに軍配が上がります。

とはいえ毎日、長時間ハイヒールを履くのは難しい、という意見も理解できます。

そこでご提案したいのが、CAが実践している「履き分け」です。

機内用の3センチヒール
機外用の7センチヒール

CAは、長時間の立ち仕事と気圧の関係で起こる脚のむくみが悩みの種。

そこでヒールの履き分けと、小まめな日常のケアによって、激変する環境に対応しながら美脚をキープしているのです。

機内用の3センチヒールは、ヒール部分がやや太めで安定した履き心地のものを使います。

機能性と女性らしさを兼ね備え、緊急時の「走る・脱出用スライドをすべる」などの動きにも対応できるシューズです。

そして機外では一転、女性の脚がもっとも美しく見えると言われる7センチヒールで、キャリーバッグを引きながら颯爽と空港内を歩きます。

ヒールが高くても、フォーマルな場では、厚底靴やウェッジソールはNG。あくまでも「品よくエレガントに」見えるものが鉄則です。

じつは、ハイヒールには「美脚に見せたい」女心を満たすとともに、ほかにもメリットがあるんです。

- **ふくらはぎの筋肉が自然と鍛《きた》えられる**
- **高さの違うヒールを履くことで、異なる筋肉のトレーニングになる（むくみ防止）**
- **同じ靴を履き続ける習慣で起こる、足の指の神経の圧迫、炎症、しびれを防ぐ**
- **腹筋や背筋が鍛えられる**
- **ヒールを履くことで「女らしくあろう」とする意識が高まり、たたずまいや仕草、表情にも女性らしさが表れる**

とくにふくらはぎは「第二の心臓」と呼ばれるほど、体内の血流にとって重要な部位。

その筋肉を鍛えていると、下半身に溜まりがちな血液やリンパ液などを、ポンプのように流しやすくしてくれるのです。

このCA時代の経験を踏まえ、私は現在も移動時はローヒール、目的地（食事会やパーティーなど）に到着したらハイヒールに履き替えています。

もしオフィスにシューズを置いておける環境であれば、靴の履き分けも提案します。

3・緊張感のない「ゆるゆるボディ」との決別

CA流「必ず結果を出す」美ボディダイエット

「姿勢」と「モテ美脚」を意識すれば、引き締まったボディを手に入れるのは十分に可能です。

しかし、20代のころよりも10キロ以上増えた、体重はさほど変わっていないのに洋服のサイズが大幅に上がったと嘆く方には、迷わずダイエットをおススメします。

男性は「ふっくらしているくらいのほうが好き」いう面もありますが、あきらかに「肥満」「ぶよぶよ」ならば、健康のためにも軌道修正しましょう。

何もケアしなければ、どうしてもくびれがなくなり、バストやヒップは垂れていきます。

魅力的な女性として目指したいのは、ウエストや足首など、締まるべきところは締まっていて、バストやヒップは適度なボリュームのあるメリハリボディ。

じつは私、新人CA時代の不規則なフライト生活からストレス性の過食に走ってしまい、一気に体重が5キロ増加。同僚に会うたび「太ったね」と言われ続けて、そうとう落ちこんだ経験があります。

その際に役立ったのは、細かいカロリー計算などでなく、意外にもシンプルな思考と行動でした。

それが次の5つです。

A・とにかく人前に自分をさらす
B・ある程度、体にフィットした服を着る
C・甘いモノなどの誘惑物から物理的に離れる
D・日常にプチ筋トレを取り入れる

E・美は伝染する。美しい女友だちと行動をともにする

以下、順を追ってご説明していきます。

A・とにかく人前に自分をさらす

CAは制服をまとうと、あらゆる方向から多くの人に見られます。その周囲の厳しい視線が姿勢を正し、表情を引き締め、優雅に歩くというCAらしさ、ひいては美しくあろうという意識を高めてくれます。

みなさんも、オシャレな服を着て街中を歩く、会議でのプレゼン・パーティーの司会を買って出るなど、注目が集まる機会を増やしましょう。

周囲の注目が集まる緊張感で、ボディラインやフェイスラインは驚くほど引き締まり、たたずまいも洗練されます。「第三者の視線」の効果は絶大です。

B・ある程度、体にフィットした服を着る

年を重ねると、どうしても「ラクな服」で自分を甘やかしがち。

一度、楽チンを覚えると、なかなかもとには戻れません。

また、さらに可能ならば「ある程度、体にフィットした服を着る」に加えて、「ヒールを履く」「ヘア&メイクも最低限は気づかう」の3項目を守ってください。

C・甘いモノなどの誘惑から物理的に離れる

私は「甘いモノ中毒」と言っていいほどの甘味好きです。過去には、一日でハーゲンダッツのアイスを13個も食べたことがありました。

怖い話ですが、砂糖は「白いドラッグ」と言われるほど依存性の高い食品です。

このままではいけない！

肥満はもちろん、内臓や脳まで壊れてしまうと、私は一念発起し、依存症や心理学の本を読み、「デパ地下のスイーツコーナーに近寄らない」「コンビニに行かない」など、誘惑物から離れるよう行動を変えました。

視覚情報が入ると、どうしても欲しくなってしまいます。

誘惑物は見ない、近寄らない。

これがいちばんです。

D・日常にプチ筋トレを取り入れる

CAに極度の肥満がいないのは、先に述べた「第三者の視線」にさらされていることや、「体にフィットした制服」などの相乗効果に加え、体が資本のハードワークが理由にほかなりません。

フライト中のメイン業務は、立ち仕事と力仕事。じつはハードワークなので、筋肉が衰えにくい仕事です。

この筋肉が、体型維持や若々しさを保つために役立ってくれます。

筋肉の利点はいくつもあり、まさにいいことずくめです。

- **基礎代謝量を上げ、脂肪が燃焼しやすい体になる**
- **血行がよくなり、女性ホルモン（エストロゲン）の分泌《ぶんぴつ》が促進される**
- **冷えとむくみが改善される**

ジムに通わなくても、日常の中でできるプチ筋トレはおススメです。

- 歯みがき中に爪先立ちをする
- 家の中では爪先歩きで移動する
- 電車の通勤時に、ひと駅だけ、ヒップをキュッと締めてみる
- PCに向かっている際、背筋を伸ばし、おへそを縦に伸ばすイメージの姿勢をとる

こういった日々の小さな積み重ねが、美しくしなやかなボディをつくるのです。

もちろん、ジムでトレーニングできるなら、そのほうがより筋肉を鍛えられ、より効果的でしょう。

私は、自宅から徒歩10分の場所にある「カーブス」という女性専用のフィットネスジムに、週2回通っています。

上半身・下半身の筋肉を効率よくマシンで鍛え、合間に有酸素運動。最後はストレッチです。

ちなみに、ストレッチをすることで、筋トレ効果が19%もアップします。

トレーニングは続けることが大切。こまめに通うためにも、ジムは自宅か職場の近くで探すことをおススメします。

E・美は伝染する。美しい女友だちと行動をともにする

みなさんの友人を思い浮かべてください。なんとなく、自分と似ていませんか？ 体型、ヘアメイク、洋服、持ちもの、アクセサリー、美意識の高さまで、人は「自分と似た服装や雰囲気、共通事項が多いほど安心し、接近する」生きものだからです。

美しい女友だちがいると、美意識が高まります。

私も、美容関係者やモデルの友人と集まる食事会などでは、いい意味での緊張感に包まれ、男性と会う以上に外見にも気をつかいます。

美しさは、間違いなく伝染するのです。

ぜひ「美女」と呼ばれる友人をつくり、「美」のエッセンスを取りこみましょう。

4・合わない下着はNG！

魅力的なボディづくりはサイズの合った下着から

魅力的なボディづくりを邪魔する意外な盲点が「合わない下着」です。

ボディラインが変わってしまっても、同じランジェリーを使い続けている人、意外と多いんです。

サイズの合わない下着は血行不良を起こし、百害あって一利なし。

とくにブラジャーは、猫背や腰痛の原因になるうえ、はみ出た脂肪が背中や脇腹に流れてしまいます。

購入するときは必ず試着し、スタッフにも確認してもらいましょう。

下着専門店でなくとも、スタッフはサイズのアドバイスをきちんとしてくれます。

自分のサイズに合った下着の上から、適度に体にフィットした服をまとう。

それだけで、あなたの魅力は何倍もアップするのです。

コラム2

ヒールが高いほどモテ率は高くなる

最近はフラットシューズが流行しているのに、なぜ私はこんなにもハイヒールをおススメしているのでしょう。それには理由があります。ハイヒールの「モテ度」を立証する有名な実験データがあるのです。

それは「高さの異なる3種類のハイヒールを履いた女性が手袋を落としたら、周囲の男性は拾ってくれるか」というもの。結果は、次のとおりでした。

・フラットシューズ……62％
・5センチヒール………78％
・9センチヒール………93％

じつに、フラットシューズ着用時の1・5倍もの男性が、9センチヒールの女性の手袋を拾ってくれたのです。

さらに、もうひとつ実験があります。「女性がバーで靴がよく見えるように脚を組んで座り、どれくらいの時間で男性から声をかけられるか」。こちらの結果は、もっとわかりやすいものでした。

・フラットシューズ……14分
・5センチヒール………11分
・9センチヒール………7分

なんと9センチヒールには、フラットシューズより2倍の速さで声がかかりました。

この結果からも、ハイヒールは男性にとって女性らしさの象徴であり、ハイヒールを履いている女性にはジェントルに接してくれたり声をかけたくなる、ということがよくわかりますね。

男性からの意見を取り入れて「匂い美人」に
湯シャン、ダイエット、スメハラに気をつけて

自分の匂いは、客観的に判断しづらいものです。

とくにミドル脂臭や加齢臭には、季節を問わず、つねに気を配っていたほうがいいですね。

また、自分がよかれと思って使っている香りが、必ずしも他人にとって「いい香り」であるとは限りません。

人によっては、不快感を通り越して、頭痛、息苦しさ、気持ち悪さ、アレルギー反応につながります。

以前、男性に取ったアンケート「女性の匂いに関するガッカリエピソード」をご紹介するので、参考にしてみてください。

頭皮にはよくても……湯シャンの頭皮臭

「前から〝この人、何か臭いな〟と思っていた40代の女性が、湯シャン歴1年であることが判明。本人は〝毎日、湯シャンしてるから匂わないでしょう?〟と笑顔で訊いてくるけど、ハッキリ言って臭い。誰も言えないだけ」(38歳・食品メーカー)

「なぜ湯シャンをしている人は、自信満々で〝私、湯シャンできれいに洗っているから匂わないの〟と言えるんだろう。髪と財布にはやさしいかもしれないけれど、周囲の人間には全然やさしくない!」(45歳・不動産)

一部で話題になっている湯シャンは「人を選ぶ」ことを念頭に起きましょう。体質に合えばベストですが、逆の場合、周囲に地獄の苦しみを味わわせます。

じつは「臭いけれど、周囲が言えないだけ」ということも多いのです。

私が通っているサロンの美容師さんに「湯シャンのお客さまって臭いますか?」と尋ねたところ、「たまにいらっしゃいますが……臭いますね」とのことでした。

お客さまご本人に「臭い？」と訊かれたら、「ギリギリ大丈夫じゃないですか？」「かろうじて大丈夫かもしれません」などと、あいまいに答えているそうです。

思い当たる人は、まず家族などの訊きやすい人に相談してみてください。

ダイエット中の人特有？　甘酸っぱい体臭

「糖質制限しているという彼女の体から、ときおり日本酒の腐ったような臭いがただよってくるようになりました。〝これが噂のケトン臭？〟と思いつつ、デリケートな話題だけになかなか言い出せません」（40歳・商社）

糖質制限などのダイエットを実践している女性もいると思います。
しかし、あまりにハードなダイエットは口臭や体臭の原因に。
なかでも、ケトン臭と呼ばれる甘酸っぱい香りが出てきたら危険信号です。
それは、飢餓状態になった体が出している、ＳＯＳのサインなのだそう。
臭い対策と健康のためにも、極端なダイエットは控えましょう。

柔軟剤、ヘアフレグランス、香水の過剰なスメハラ

「僕の彼女は、香水に柔軟剤、髪にもフローラルのヘアオイルを愛用。さまざまな人工香料がミックスされ、敏感な僕はデート中によく咳《せ》きこみます。以前ペットショップの前を通りかかったとき〝わあ、かわいいチワワ〟と彼女が店内に入ろうとしたため、思わず止めました。嗅覚《きゅうかく》の鋭い犬にはキツイはず」（36歳・旅行関係）

「以前、目的地まで10時間もかかる海外出張の際に、隣の女性の香水がきつくて、CAさんに事情を話し、シートチェンジしてもらいました。満席だったらと思うとぞっとします」（43歳・商社）

現在は男女を問わず、匂いケアに敏感な世の中になっています。

気づかうこと自体はいいのですが、「香水を使うならヘアフレグランスは使わない」「匂いが特徴的な洗剤や柔軟剤を使っているから、ほのかに香るボディクリームだけにする」など、アイテムは絞りましょう。

匂いの問題は、デリケートである一方で、「嗅覚は記憶に直結する」と言われるほど、うまく使えば魅力アップに効果的。

男性と道ですれ違ったとき、オフィスのエレベーターで近づいたとき、デートで腕を組んだときなどに、フワッといい香りのする女性は魅力的です。

いろいろな香りのパターンを試してみて、スメハラにならない「匂い美人」を目指していきましょう。

歯のセルフケアオンリーは卒業！
定期的にクリーニングし、キスしたくなる口元に

自分のセルフイメージを大きく左右する要因のひとつに「歯」があります。

男性が思わずキスしたくなる口元は、何をおいても「清潔感」。

そして笑顔からこぼれる白い歯と、美しい歯並びです。

ハリウッドの俳優がホームレスの役を演じる際は、まず歯を黄ばませ、ところどころ歯抜け状態にします。歯の色や歯並びは、その人の人間性を表しているのです。

年を重ねるほど、歯のケアは念入りに

私も過去に2回、けっこうな金額をかけて歯を治しました。

1回目は10代後半のＣＡ採用試験時。歯並びは厳しくチェックされることを知り、前歯2本を治したのです。

学生にとっては高価な買い物となりましたが、自信を持って面接に挑むことができ、無事合格。

歯だけが勝因とは言えませんが、**わずか15分間の質疑応答のみで応募者の7割が落とされる**流れを考えれば、あのとき治療しておいて本当によかったと感じます。

2回目は28歳の誕生日、クラブの仕事を本格的に始めたときだったと思います。

7桁はかかりましたが、笑顔を褒《ほ》められる機会が増え、毎日が気持ちよく過ごせるようになりました。

また、自分ではさほど気にならなかった「犬歯のとがり」をなくしただけで、驚くほど優しい印象に一変。こうなると、性格も明るくなります。

大げさではなく、歯は本当に人生を変える威力があります。

歯の大切さを意識してから、虫歯がなくとも、**2か月に1度はクリーニングに行き、歯茎のマッサージや正しい歯磨きの指導も受けています。**

自宅でのセルフケアは、次のポイントに気を配っています。

歯磨き粉はホワイトニングに特化したものと、口臭予防に特化したもの、2種類を使い分ける

歯ブラシは、奥歯にも届きやすいタイプと、子ども用の歯ブラシを併用し、細かいところまできちんと磨くようにする

歯間ブラシと、ジェット水流で歯の隙間もケア

また、口臭や歯周病の原因のひとつである唾液の分泌の衰えには「唾活《つばかつ》」がおススメです。

レモンや梅干しを思い出したり、定期的にガムを噛みましょう。

歯はその人の「育ちと経済状況」を推し量る重要な要因

笑顔は、他人との心の垣根を取り除く最強の武器ですが、そこに白く綺麗な歯は欠かせません。

黄ばみ、歯並びの悪さは、相手に不潔な印象を与えるばかりではなく、自分自身もコンプレックスから大らかに笑うことができません。

結果、モテやビジネスにおいては、たいへん不利に作用します。

歯並びのよさ、美しい歯へのこだわりは、その人物（家庭も含め）の育ちのよさや経済状況を推し量るひとつの要因です。

歯は一瞬で、その人のバックグラウンドを連想させることを忘れずにいましょう。

第2章

「おばさん」と「大人の女性」の違いはわずかな差

～オバ化をストップして
年齢不詳のキレイな女性に

モテルックスのポイントを覚えましょう
自分を丁寧に扱っている女性は、男性からもそうされる

第一印象のよさは、その後の人間関係を決定します。「自分に手をかけている＝自分を丁寧に扱っている」と認識され、そのまま周囲からも大切に扱ってもらえるのです。

この章では、スキンケア、メイクアップ、ファッションに関して、見た目の「オバ化」をストップする具体的な方法をご紹介していきます。

若いころの感覚から抜けきれなかったり、逆に「もう若くないから」と、スキンケアやファッションをサボっていては、魅力的な大人の女性には近づけません。

ＣＡやクラブ時代に出会った魅力的な女性や、コスメコンシェルジュの知識を生かして、美しさのポイントをご紹介します。

- スキンケア　↓　紫外線対策・保湿・NO摩擦
- メイクアップ　↓　清潔感と効果的なラインづかい、口紅
- ファッション　↓　どんな自分でありたいか、内面と装いをリンクさせる

いかがでしょう。いまの自分に当てはまっているか、実践しているか振り返ってみてください。

もちろん「はじめに」でもお伝えしたように、ご自身が納得するものだけを選択してください。

「美肌」についての3つのルール
「NO乾燥・NO紫外線・NO摩擦」が美肌の合言葉

美肌の定義は、「う・な・は・だ・け・つ」と覚えましょう。

✓う……潤い
✓な……なめらかさ（凹凸やごわつきがない）
✓は……ハリがある
✓だ……弾力がある
✓け……血色がいい
✓つ……ツヤがある

年々、肌は潤いを失い、若いときには思いもよらない現象が起こりますね。

日焼けや枕の跡が長時間消えなかったり、くすんで顔色が悪かったり、笑いジワが気になって写真撮影でも笑顔をつくれなかったり。

私自身、蕁麻疹《じんましん》やニキビに悩まされたり、かぶれや傷、虫刺されの痕が残りやすい「ケロイド体質」なので、肌の悩みやコンプレックスは尽きませんでした。

しかし、コンプレックスは成長の原石。

だからこそ笑顔を心がけ、また、しっかり美容を勉強しようと一念発起し、2018年に「コスメコンシェルジュ」のライセンスを取得しました。

官能小説のほかに、女性向けのモテ・美容記事を連載しているので、より説得力ある記事を発信しようとコンプレックスをバネにしています。

前述した「うなはだけつ」対策として、注意すべきことは次の3点です。

1・まずは天敵「紫外線」をさえぎる！

美肌の基本は、紫外線防止・保湿・NO摩擦

肌の老化の原因の80％は、紫外線です。

シミ・ソバカスの原因になるだけでなく、ハリや弾力も奪ってしまう女性の敵。

日差しを浴びると皮膚は一種の「ヤケド状態」になります。

外部から肌を守ろうとする成分が、みなさんもよく知る「メラニン色素」です。

これは肌を守ってくれる利点がありますが、同時に肌を黒ずませてしまうデメリットもあるのです。

紫外線は程度の差こそあれ、季節や天候に関係なく降り注ぐので、1年を通して日焼け対策を続けることが必須です。

ＣＡ時代は、極度の日焼けや肌荒れは「乗務停止」を命じられたので、体調管理に加え美肌づくりにはかなり神経質になりました。

そして、ぜひ覚えてほしいのが、紫外線の照り返し（反射率）です。

- **新雪……………80％**
- **アスファルト……10％**
- **砂浜……………10〜25％**
- **水面……………10〜20％**
- **土、草地………10％以下**

「新雪以外は少ない」と思うかもしれませんが、紫外線のツケは忘れたころにやってきます。ある日突然、薄いシミができていたり、ホクロが増えたことに気づいたりと、私自身、反省は多々あります。

最近は、美容皮膚科が医療用レーザーを用いた美肌ケアで、美白・シミやホクロの除去が手軽にできるようになりました。

私は以前、こめかみと手首にあった小豆サイズのシミを除去したことがあります。痛みは輪ゴムで肌をピンと弾いたくらいでしょうか。

レーザー照射後には「傷が治る絆創膏《ばんそうこう》」を貼り、顔なら2週間、腕は3週間ほど待ちます（顔のほうが肌の新陳代謝が活発なので傷の治りも早い）。それから絆創膏をはがすと、カサブタ化したシミも一緒にペロリと、見事に取れていました。

どうしても気になる大きいシミは、美容皮膚科の力も借りる。紫外線対策を徹底していくことで、肌は向上していきます。

ちなみにシミの除去は、日差しが弱く、汗をかきにくい秋・冬がおススメです。

また、忘れがちなのが目のガードです。

目が紫外線を感知すると、脳が「メラニンをつくれ」という指令を出します。

せっかく肌をガードしたのに、瞳を守らずにいれば効果は半減。肌ばかりではなく、体の疲労も早めてしまうので、サングラスでのケアも万全にしたいですね。紫外線防止のために選ぶサングラスは、色の濃さに関係なく、「紫外線カット機能」を備えていることを確認してください。

コラム3

顔の下半身を鍛えましょう

一般的に、顔の印象を決めるのは、目元や眉など「顔の上半身」です。

しかし一方で、老けを左右するのは「顔の下半身」と言われています。

あごから耳にかけてのフェイスラインが、スッキリとシャープなら若々しく見えますし、その逆もしかり。

私もさまざまな方法で重力と戦っています。

ここではご参考までに、効果的な方法をご紹介しますね。

・口の中で舌をぐるぐるローリングする（頬の粘膜を内側からアイロンがけするように、左右10回ずつ）
・上を向いて首を反らし、舌を真上に突き出す
・耳下腺や鎖骨付近を圧し、リンパを流す

・鏡に向かって「ウ・イ・ス・キー」と言うなど、隙間時間に顔ヨガ。

この中でもっとも効果が出たのは、舌のローリングと顔ヨガでした。始めて1週間後、久しぶりに会った友人に「口まわりが引き締まった」と褒められたのです。

じつは、舌ローリングや顔ヨガは、思った以上に筋肉を使うため、けっこう顔面が疲労します。

しかし疲労した分だけ、しっかり結果となって返ってきます。

お風呂に入っているとき、化粧室に入ったときなどの隙間時間に、ぜひ取り入れてほしいプチトレーニングです。

2・「乾いた質感」は百害あって一利なし

徹底保湿でうるおいとツヤのある美肌を目指す

保湿はスキンケアの基本中の基本。きちんとできていれば、キメもそろい、自然なツヤのある肌になります。

気をつけたいのは洗顔です。コスメコンシェルジュの勉強をしたとき、大人の肌トラブルの多くは「洗いすぎ」が原因だと知りました。

洗浄力はあまり強すぎないもの、そして洗う際はじゅうぶん泡立てて「泡のクッション」で洗うようにしてください。

また、ニキビ肌やオイリー肌の方も、保湿はしっかりしましょう。

よく「ニキビは乾燥させたほうがいい」と間違った知識を持つ方もいるようですが、乾燥すればするほど、肌を潤わせようとせっせと皮脂を出してしまいます。

肌質を問わず、保湿を心がけてくださいね。

3・意外な盲点「摩擦」から身を守る

枕や下着にも注意してボディも色素沈着を防ぐ

紫外線と同様、シミや色素沈着の原因に「摩擦」があります。こする、叩く、強く圧《お》すなどの刺激は、肌を守ろうとするメラニン色素を増やし、結果、色素沈着を招いてしまいます。

- **タオルやコットンで必要以上に顔をこすらない**
- **シャワーを直接顔に当てない**
- **化粧水をつける際にパンパン叩かず、洗うときも泡で洗う**
- **フェイスマッサージでは必要以上に圧をかけない**

気づきにくいのが「枕による摩擦」。皮膚科医から「枕の摩擦で頬が黒ずんだり、圧迫でシワができる女性が多い」と聞いて以来、私は仰向けで寝ています。

摩擦による色素沈着は、ボディにも起こります。

知人のベテランエステティシャンも「ガードルやストッキングがこすれて、腰やヒップまわりに色素沈着が起こっている女性がとても増えている。おそらく加齢で新陳代謝が鈍り、黒ずみが顕著になってくるのでしょう」と言っていました。

衣服や下着の着脱の際には、極力こすらないようにし、締めつけの強い下着にも気をつけたいものです。

「紫外線防止」「徹底保湿」「NO摩擦」を守るようになってから、私の肌はかなり改善しました。

ちなみに、愛用している基礎化粧品は、ドラッグストアで売っているプチプラアイテムで、高価な美容液やクリームはいっさい使っていません。

その代わり、月に1度、美容皮膚科で医療用レーザーを用いた「フォトフェイシャル」などの美肌トリートメントを10年以上続けています。

現在、お世話になっているのは、銀座の「クリニック ル・ギンザ」。

医療がバックにあるので、エステよりも効果的と感じています。

みなさんも、信頼できるクリニックを探してみてはいかがでしょうか。

「メイクアップ」についての4つのポイント
「完璧」でなく「80点メイク」を目指せばOK

年齢を重ねるごとに、たるみ、くすみ、シワ、シミと、悩みが増えていく私たちの顔。

でも、悩みを「完璧に隠す」イコール「キレイな大人の女性なる」ということではありません。

塗れば塗るほど、若々しさや清潔感から遠ざかってしまうのです。

「キレイな大人の女性」に見せたいのなら、「80点のメイク」を目指しましょう。

そして、覚えておきたいのがメイクに対する男女の見解の違いです。

メンタリストＤａｉＧｏさんの会員制チャンネルから得た学びを、少しだけお伝えしますね。

女子会など女性オンリーの場では「メイクは鎧」「自分のパワーを見せつけるアイテム」となります。

つまり、しっかりメイクしたほうがいいのです。

しかし、男性にとって女性に求めることは「若さと健康」。

みなさんが、いつもどおりフルメイクをした状態から、なんと3〜4割引いたほうが圧倒的に好感度がアップするそう。

このデータを念頭に、メイクについてお伝えしたいと思います。

1・厚塗りベースメイクはNG！

よく動く目元・口元は薄く「中心↓外側」へ

目元のシワとほうれい線は、40代以上の女性なら誰もが気になる悩みのひとつ。

つい、隠したくなる女心も十分理解できます。

しかも、この2か所はよく動くパーツです。

そのためファンデを塗りすぎると、表情が動くたびにシワや溝に溜まって、時間が経つほど「老けた印象」になってしまうのです。

ファンデは「よく動く場所ほど薄く塗る」のが基本。

目元や口元には何種類もアイテムを重ねず、シワ部分は上から軽くトントンとなじませましょう。

また、下地やファンデなど、ベースメイクアイテムを塗るときに大切なのは「塗る順序」です。

「中心→外側」「面積の広い場所→狭い場所」と覚えましょう。

指でもスポンジでも、最初にのせたところに、もっとも多く化粧品がのります。「額や頬→髪の生え際やフェイスライン」という順序で伸ばしていくと、中心には多めにのり、輪郭に向けて徐々に薄くなっていくので、自然なグラデーションができるのです。

しっかりのせた部位は明るく発色し、薄く塗った部位はナチュラルな陰になるので、顔に自然な立体感がつきます。

それがメリハリを生み出し、嬉しい小顔効果も期待できます。

2・血色だけじゃない！

チークの意外な活用法とは？

チークは、大人のくすみがちな肌に「血色」を与え、健康的で溌剌とした印象にしてくれるアイテムです。

しかし、もうひとつ意外な「若見せ効果」があるのです。

老化によって、私たちの顔は「間延び」していきます。目と口の距離が広くなったり、眉下や鼻の下が伸びたり、顔全体が大きくなったり……という恐ろしい変化が起こってきます。

これを解決してくれるのが、チークです。

両頬に塗ったチークの残りを、そのまま「眉下」と「鼻の下」にひとはけ。
これが薄い影をつくり、間延びした箇所の距離を縮めてくれる効果があるのです。
色はオレンジ系でパール感のないものがおススメです。
現在の美人の新定義は、「鼻の下が短いこと」。

石原さとみさん、北川景子さんなど、美人女優と言われる方も、たしかに鼻と唇の距離が短いですね。

「鼻下チーク」は、ぜひメイクに取り入れほしいひと手間です。

3・ラインは強調しすぎない

きちんと引いてなじませる!

加齢とともにぼやけてくる目元や口元を際立たせ、表情を生き生きとさせてくれる心強いアイテムが「ライン」です。

ラインは、大きく分けて、アイライン・眉のライン・リップラインの3つ。

まずは、目ヂカラアップに欠かせないアイラインからいきましょう。

アイラインは、「薄くなったまつ毛の隙間を埋めていく」ように引くのがポイント。

目の輪郭がハッキリとし、白目と黒目のコントラストも際立ち、くっきりと若々しい目元につながります。

少々ラインがガタガタでも、指やアイシャドウでぼかせばOKです。

目の下側にもアイラインを引く場合は、やさしいブラウンなど弱めの色で「ソフトで初々しい印象」に仕上げましょう。

唇も、年齢とともに色がにごり、輪郭がぼやけてきています。

その年の流行カラーがありますが、大人の女性にはサーモンピンクやコーラル系などがおススメです。

さて、**いまの流行《はや》りでは、「リップラインはあいまいにする」**傾向にあるようです。

私の場合、口角をやや上向きに描きたいので、口紅やグロスを塗る前に、ベージュピンク系などなじみやすい色のリップライナーでラインを描いています。

前述したメンタリストＤａｉＧｏさんによると、海外の実験で「男性が女性の顔を10秒間見た際、５秒は口元を見ている」との実験結果を述べ、とくにピンクや赤の口紅をつけたときほど、長く視線を奪われると発表されていました。

血色のいい唇は、男性を引きつけるのですね。

そして、先にもお伝えしたように、忘れてならないのが「健康的な若々しさ」。

モテ唇は「若さを感じさせるツヤ・血色」がキーワードです。

4・バブル眉や極細眉は過去の遺物

やや太めのナチュラル眉を意識して

いつの時代も難しいのが、「時代が表れるパーツ」となる眉です。
近年の流行りは、次の3つのポイントが特徴的でしょう。

幅はやや太めに（細眉は老けて見せます）
眉山をとがらせすぎず、自然なアーチを描く
色は髪の色に合わせたブラウンか、グレイッシュブラウン

ナチュラル眉なら、顔全体の印象が引き締まり、まぶたの面積が狭く見え、顔が間延びして見えず、いいことずくめです。

先ほどご紹介した「まぶたにひと塗りのチーク」と合わせれば、相乗効果で魅力的な目元を演出できます。

おススメのメイク術

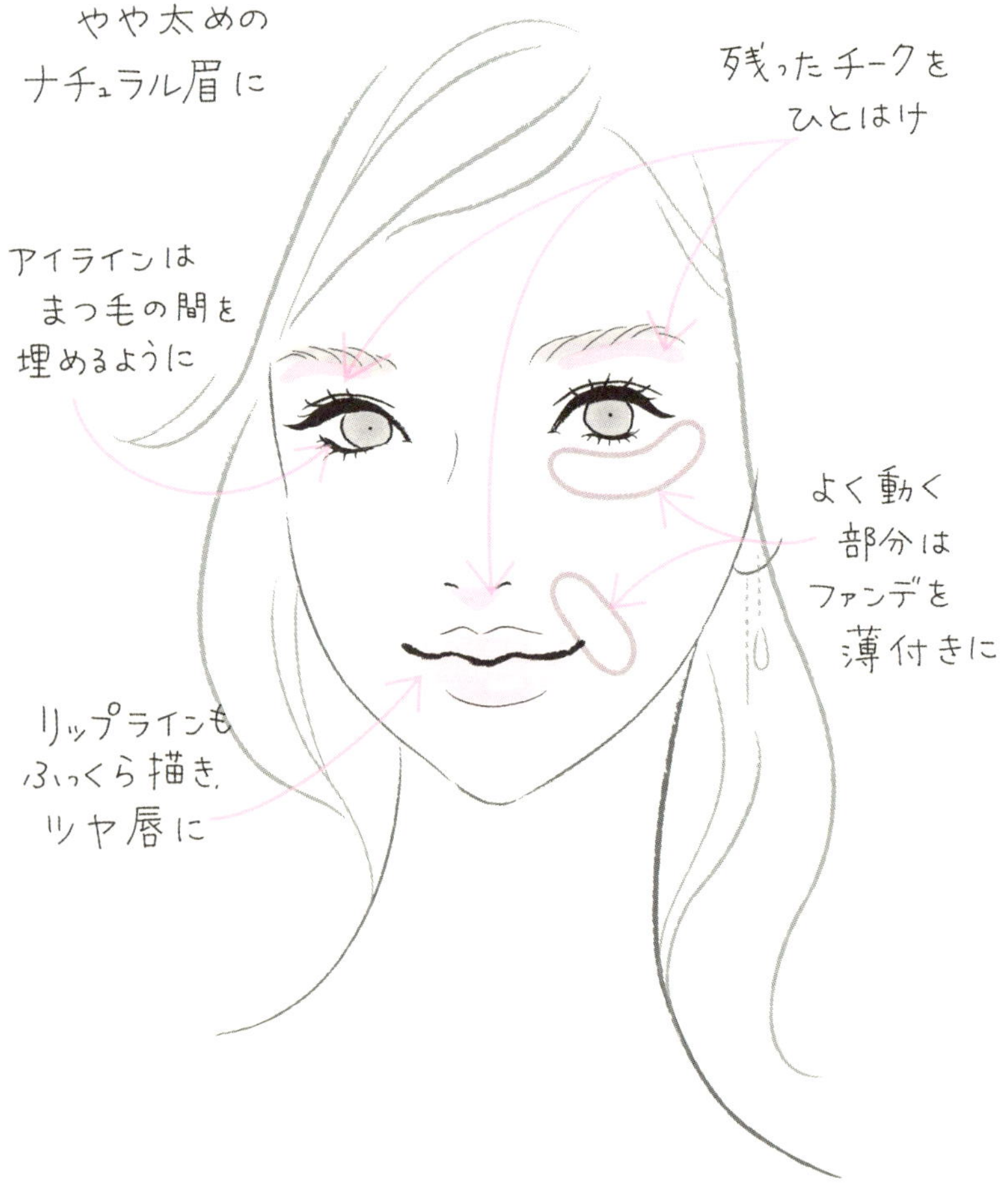
やや太めの
ナチュラル眉に
残ったチークを
ひとはけ
アイラインは
まつ毛の間を
埋めるように
よく動く
部分は
ファンデを
薄付きに
リップラインも
ふっくら描き、
ツヤ唇に

「ファッション」についての5つのNG
自分が「どんなイメージで見られたいか」

ファッションは、その人のセルフイメージを表す重要なアイテム。

海外のセレブは、自分専用のイメージコンサルタントを雇うとも言われています。

私も以前、パーソナルスタイリストの竹岡眞美さんに、洋服のショッピング同行をお願いしましたが、目から鱗《うろこ》の情報が満載でした。

彼女の第一声に、私はしばし黙りました。


「蒼井さんは、どんなイメージの女性になりたいの？」

第1章でも登場したヘアライター・佐藤友美さんと同じ質問をされたからです。

髪もファッションも「似合うものより、どんな自分になりたいか」が重要なのだと改めて知りました。

上品で魅力的な女性なりたい。作家として成功したい。親しみも大事。あ、若々しさも——。

アレコレ考えた結果、ヘアスタイルと同じ、「上品」「仕事で成功する（信頼）」「親しみやすさ」をあげました。

竹岡さんは長らくイタリアに住んでいたため、国際的な感覚を持っています。ゆえに、日本人女性が40歳を過ぎても「年不相応のかわいさ、若さ」を追求する違和感や、ある程度の年齢になったら、シックで上質なものを着る大切さを教えてくれました。

海外での「かわいい」は、大人の女性の褒め言葉ではない場合もあるそうです。

たしかに、日本人女性は「若い」「かわいい」「男性に従順」がモテの要素ですね。

当日の私のファッションは、甘めのワンピースだったので、反省したものです。

そんな竹岡さんが説く洋服選びの極意は、次の3点でした。

自分に適切なサイズを着る
色使いは3色まで
柄物は全ワードローブの2割まで

試着をして、サイズに違和感があれば、手間暇を惜しまず「お直し」してジャストサイズを着ましょう。

多くの色を取り入れず、小物も入れて3色までがいいそう。

そして、柄物は記憶に残りやすく「また同じものを着ている」と思われがちなので、シンプルな無地がおススメだそう。

洋服選びには、まず、みなさんが「どんな女性になりたいか」をイメージしてください。

その上で自身を美しく見せる一着をまとってください。

ラク・機能重視・無難・の3つを優先しすぎると、女性としての魅力はもちろん、「自分らしさ」も殺してしまい、せっかくの自己アピールの機会を失ってしまいます。

自分は「商品」であり、身なりを整えることは「投資」だと認識してほしいのです。

1・色を効果的に使う

ダークカラーで「無難」に逃げない

街で見かける40代以上の女性に対して、残念だなと思う項目の筆頭に「ダークカラーが多すぎる」があげられます。たしかに、オフィスでは、ダークカラーを含むベーシックな色は常識的とも言いきれますし、ほかの服とも合わせやすい。

なによりも、先ほど述べた「なりたい自分」に「クール」などがあれば、ダークカラーは最適ですね。

しかし、ただでさえくすみ始めたオトナ肌に暗い色ばかりをまとうと、地味で老けた印象が否めません。ときには、肌色が美しく見える鮮やかな色をまとってみてはいかがでしょうか?

なぜ私がきれいな色にこだわるかというと、**高級クラブでは、男性客のスーツと同化し、ビジネスシーンを思い起こさせる黒・紺・茶色などをNGとしている店が多いから**です。

ホステスたちは顔映りがよく、お客さまに「非日常」を味わってもらえる華やかな色使いのファッションで接客にいそしみます。

セクシーの代表色で思い浮かぶのは「赤」でしょうか。

ここで、赤に関する海外のおもしろい実験をご紹介します。

男性に、ひとりの女性のまったく同じ写真を「背景を赤」「背景を緑」の2パターン見せたところ、「赤い背景の女性のほうが魅力的」「口説きたい」と答えるケースが多かったそうです。

また、「赤いTシャツを着たウエイトレスのほうがチップを多くもらえた」「女性がヒッチハイクするとき赤い服を着ていると、車に止まってもらいやすくなる」などという結果があります。

これをまとめると、「赤を身に着けた女性のほうがセクシーで魅力的。デート（セックスも）したいと思わせ、お金をたくさん使ってもいい」という回答が出ています。

この「赤」のエッセンスは、ぜひ取り入れたいですね。

赤が苦手なら、ピンクもＯＫ。

ピンクは女性らしさを感じさせる色ですし、やさしい印象に見せてくれます。海外で暴動の多かった刑務所の壁の色をピンクにしたところ、暴動が激減したというデータもあります。**色は、人の心理に大きく影響するのですね。**

さらに、赤は差し色でもOKです。

赤に抵抗がある方は、トップスだけ、スカートだけ、差し色のみなど、取り入れやすいところから始めてみましょう。

赤いストールやピンクのスカーフ、あるいはブローチなど、小物で取り入れてもいいですね。

控えめな分量でも、赤は男性の無意識に働きかけてくれます。女性を魅力的に見せ、お金を使ってもいいと思わせ、親切にしてくれるのです。

2・防寒優先の厚着はNG！

出会いの場には「控えめ露出」を忘れずに

気づけば、ファッションの優先順位が「機能面」となっていませんか？

厳しい言い方かもしれませんが、オシャレ心を忘れて、機能性のみを優先した時点で危険信号！

老化の波がしのび寄っています。

それを顕著に表しているのは、次のようなアイテムです。

- **ババシャツ**
- **厚手のタイツにレッグウォーマー**
- **腰や背中に貼ったカイロのチラ見え**
- **着ぶくれするほどモコモコのタートルネックセーターなどの重ね着**

若い女性なら愛らしく見えるアイテムかもしれません。

ですが、大人の女性が「いかにも防寒優先」「重ね着による着ぶくれ」では「理解できなくはないけれど、ガッカリ感も否めない」との意見が多いので、できれば避けたいものです。

適度にボディラインを見せ、大人の女性ならではのセクシーさを忘れずに。

せめて出会いの場に行く際には、夏なら防寒は薄手の羽織り物にし、冬場もコートは厚手で構いませんが中は薄着にするなど工夫をしましょう。

よく婚活ファッションのアドバイスで「首・手首・足首の『3首』を出すこと」と言われていますね。

華奢《きゃしゃ》な部分を露出することで、女性らしい印象を与えることができるからです。

クラブママの視点から、もう一歩踏みこんだアドバイスをすると、「鎖骨・肩・うなじ見せ」もおススメ。

その際、ちょっと打算的ではありますが、時間差をつけましょう。

初めから見せるのではなく、雑談の途中で「すみません、ちょっと暑くて」とジャケットを脱いだり、食事のときだけまとめ髪にしたり……。いままで隠されていた「鎖骨や肩・うなじ」があらわになって、男性の視線はくぎづけになりますよ。

相手をちょっとドキッとさせたい、自分を異性として意識してほしいときは、こんな裏技も取り入れてみてはいかがでしょう。

3・「楽チンのぺたんこ靴ばかり」はNG!

ヒールを履き、緊張感のある脚を取り戻して

年を追うごとに、ハイヒールから遠ざかってしまう……。

大人の女性あるあるですね。

でも、ラクさを優先するあまり、ぺたんこ靴を履いてばかりだと「色気ゼロ」「緊張感がない」と男性陣からは不評です。

第1章でもお伝えした「ヒールが高いほど男性が声をかける」という実験結果もあるように、ハイヒールは、やはり男性へのアピール力が高いアイテムです。

CAは3センチと7センチのハイヒールを履き分けますし、ホステスも店内では7〜10センチのハイヒールがお約束。

ハイヒールを履いたしなやかな美脚は、女性の武器になるのです。

また、ハイヒールを履いていると、ほどよくふくらはぎの筋肉が鍛えられるとご紹介

しましたが、私の実体験もお伝えしておきます。

私がクラブママから専業作家になり、ヒールを履く機会が激減したところ、一気に足の筋肉が衰え、むくみに悩まされるようになってしまいました。

そこで、前述したように、現在は「家ではつま先立ち歩き」を実践していますが、それ以外にも、執筆時は左右の足首に「マジックテープで巻くタイプのダンベル（1キロ）」をつけています。

足に適度な負荷をかけることは、筋肉の老化防止にとても大切で、どうせなら仕事中に効率よく筋トレをしようと思いました。


また、1時間に1度は立ち上がって、足首回しやストレッチを続けています。

美しい脚に見せるためには、靴選びも重要です。

美脚を目指すなら、爪先のとがった「ポインテッドトゥ」がおススメ。

シャープなシルエットは脚全体も長く見せてくれるうえに、女性をよりエレガントに見せてくれます。

ハイヒールのパワーとともに、爪先のデザインもぜひ参考にしてください。

NGファッション

OKファッション

コラム4

ホステスに人気のモテ色をご存じですか？

私はクラブママ時代、色が男性に及ぼす影響について、多くの気付きを得ました。

先にも述べましたが、高級クラブにおいて、ホステスが着るドレスの「ＮＧカラー」は黒、紺、茶色などのダークカラーです。

ほの暗い店内では、女性の顔色が暗く沈んでしまうことに加え、来店するお客さまのスーツと同化してしまうためです。

実際、私の勤めていた店では、「黒を着ることができるのは成績トップ５の人まで」「着物なら黒でもＯＫ」というルールがありました。

お客さまは、会社とは違う華やかさを求めて夜の世界にやってくるのですから、ビジネスシーンを思い出させる装いや色はＮＧなのです。

では、どんな色がＯＫカラーでしょうか？

圧倒的な人気は「白系」です。

清純なイメージを与える上、レフ版効果で顔映りもバツグン。

その他、パステルカラーのイエロー、ピンク、水色などで、鮮やかな色なら、赤、パープル、ロイヤルブルー、シャンパンゴールドなども人気色でした。


オトナ女性へのおススメは「甘すぎないパステルカラー」。

オレンジ系ならハツラツとした印象に、ピンク系はやさしいイメージで声をかけやすい雰囲気。ブルー系は爽やかに、白なら顔色が一気に明るく見えます。

色を効果的に使いながら「見せたい自分」「なりたい自分」を素敵に演出してくださいね。

4・男性はどこに女性らしさを求めるのか

「揺れる・光る・透ける」を味方に

「揺れる・光る・透ける」は、男性が女性らしさを感じる3大要素と言われています。

近づきにくさ、クールさを「少しだけ和らげる」ためには、アクセサリーや小物で華やぎを添えるのも一案です。

たとえば、次のようなアイテムを取り入れてみましょう。

- **揺れる……やわらかな素材のスカート、揺れるピアス**
- **光る……ピアスやネックレスなどのアクセサリー、控えめなツヤのリップグロスやネイル、光沢ある素材の服**
- **透ける……シルクやシフォン素材の服、上品なレース**

ご自身のスタイルを保ちつつ、ぜひ参考にしてください。

5・自己満足はNG！

第三者の視点を取り入れるべし

ここまでファッションについてお伝えしましたが、忘れてはいけないのが、自己満足にならないこと。

つまり、第三者の視点を取り入れることです。

たとえば、自分の好きな服が必ずしも似合うとは限りませんし、かつて褒められたメイクが、いまも通用する保証はありません。

友人や家族など、第三者の意見も取り入れてみることが必要です。

もし、気軽に聞ける相手が身近にいない場合でも、いまは「自撮り」という強い味方がいます。

ヘアメイクもファッションも、自撮り写真で確認するのは、客観的に自分を見られる最適な方法です。

自宅での自撮りを推奨しましたが、ブティックで洋服を試着した際は、店員さんにスマホ撮影を頼んでみましょう。

ある程度、離れた位置から撮ったほうが、より客観性の高い正確な情報を得られるはずです。

「このジャケットは意外に太って見える」「このスカート丈はスタイルも脚もキレイに見える」「この口紅は思ったより色が薄くしか出ていない」「このヘアスタイルは後ろから見てもキレイ」など、自分の姿を次々と客観視できます。

友人が一緒の場合は、互いに批評し合うのもいいでしょう。

私が店員さんに撮影してもらうもうひとつの理由に、お店によっては痩せて見える鏡が置かれているからです。

お客さまに少しでも気分よく服を購入してほしいという戦略なのかもしれませんが、痩せ見え鏡には、十分気をつけてください。

店員さんに撮影してもらい、自分の目でしっかりチェックしましょう。

第3章

男性との距離「45センチ以内」に「10秒」で入るために

〜あっという間にすんなり
距離を詰めるモテ技巧

笑顔をつくるだけで幸せになる「アズ・イフの法則」

「笑顔」は、相手との心の距離を縮め、警戒心を取りのぞく最強の武器です。自然な笑みを向けられて、不快に思う男性は、まずいません。普段から口角を上げるクセをつける。この項目を読んでいる瞬間から実践してほしいのです。

CAの訓練では、接客要員として美しい笑顔で話せているか、1分間の自己PR動画を撮り、教官や同期40名同士で批評し合うという内容がありました。**この訓練が有効なのは、「人から見たとき、きちんとした笑顔になっているか」を客観的に確認できる点です。**

アラフォーやアラフィフの年代にもなると、自分で思っている以上に口角が下がり、

「不機嫌で怖い表情」であることが少なくありません。

気づかないうちに「への字口」になっていたり、笑顔をつくっているつもりでも、人から見れば「ほとんど無表情」ということが多々あります。

とくに男性との出会いの場や初めてのデートなどでは、口角をキュッと上げる意識を忘れずにいましょう。

「口角上げ」は、美しいフェイスラインを鍛えることにもつながります。

笑顔づくりのポイントは次の3つ。

- **目でもきちんと笑う（瞳も「半月型」に細める）**
- **左右の頬をきちんと上げる（チークを入れたほんのりピンクの丸い頬を強調）**
- **左右対称に笑う（歪みのない左右対称の表情は、人に安心感を与えます）**

うまく笑えない自覚のある人は、これらを意識しながら練習してみてください。

「微笑《ほほえ》む」という行為は、人の心を和ませ、リラックスさせます。なによりもあなた自身をチャーミングに見せ、幸福度も上げるのです。

その裏づけとも言える「アズ・イフ（as・if）の法則」をご存じでしょうか？
イギリスの心理学者、リチャード・ワイズマン氏が提唱している法則で、「さも〇〇そうに振る舞っていると、〇〇になれる」というもの。

さも楽しそうに笑っていると、本当に楽しくなる
さも幸せそうに振る舞っていると、本当に幸せになれる

この法則は実験でも立証されていて、実験に参加した多くの被験者が「毎日数秒ずつ笑うだけで、幸福度が増した」と答えています。

つまり「行動が感情を生み出す」のです。

「笑顔をつくっていると脳も喜ぶ」「つくり笑いでも脳は〝笑った〟と勘違いする」というような話を聞いたことがある人もいるでしょう。
それは、感情は行動で左右されるからです。
泣いているうちに、さらに悲しくなった経験はありませんか？

これも「悲しいから泣くのではなく、泣くから悲しくなる」からです。この法則に従うと「幸せな人生を送るには、幸せな人生を送っているように振る舞う」「モテているように振る舞っていると、本当にモテるようになる」ということになります。

笑顔を絶やさずにいることは、第一条件なのです。 笑顔をつくるだけで自分も人も幸せに、ポジティブにし、人生も変えてしまいます。

さあ、この瞬間から、口角を上げていきましょう。

コラム5

こんなにスゴイ、「アズ・イフ」と笑顔の効用

本文でご紹介した「アズ・イフの法則」の効果がわかる、よい実例があります。

以前、ＣＡを目指しているＯＬさんと話す機会がありました。彼女は学生時代にＣＡ採用試験に挑んだものの、落とされてばかり。

それでも夢はあきらめきれず、ＯＬとして働きながら不定期に募集されるＣＡの試験に向けてチャンスを狙っていました。

話しぶりから、ＣＡへの熱意や真面目さは十分に伝わってきましたが、表情の乏しさと額にかかった髪のせいで、印象は地味。

何よりも、自信が欠落していました。私が面接官でも採用したいと思わないでしょう。

そこで彼女にこうアドバイスしました。

「これから毎日、自分がCAだと思って過ごしてみて」

　すると、彼女は変わりました。

　額にかかった髪を上げ、アイラインと発色のよい口紅で明るくノーブルなメイク。さらに、つねに口角を上げ、声も明るいトーンに。

　いつも笑顔を心がける彼女に、周囲の人たちはやさしく接してくれます。嬉しくなるのでますます笑顔が増え、ファッションや立ち居振る舞いまで洗練されるという好循環に。

　人に「変わったね」と言われたら、「ええ、だって私CAになるつもりだから」と宣言するまでになったのです。

　そして現在、彼女は大手エアラインのCAとして世界中を飛び回っています。

「アズ・イフの法則」と「笑顔」は自分も人も幸せにポジティブにし、人生も変えてしまうのです。

男性との距離「45センチ以内」に「10秒」で入るワザ

以前『恋を何年休んでますか？・』というドラマがありました。

実際「何年も恋をしていない」「恋愛からは長年遠ざかっている」という女性もいらっしゃると思います。そのあいだに、男性とうまく話せなくなっていたり、物理的な距離を縮める術《すべ》を忘れてしまっているかもしれません。

人には「それ以上は他人に近づかれたくない」という〝パーソナルスペース〟があり、友人なら45センチまでの距離ならOKと言われています。

なので、まずはこの距離を目指したいところ。

恋活や婚活に限らず、大勢の人が集まるパーティーなどで、気になる男性や「ちょっといいな」と思う男性がいたとき、さりげなく男性の「45センチ以内」に入って話しかけるには、笑顔とともに、何を心がければいいでしょうか？

スマホを駆使して、至近距離の位置をキープ

それは、スマホを最大限に活用すること。

「この機能の使い方がわからないんですが、見ていただけませんか?」

「京都に行ったときの桜がとてもキレイだったので、撮影したんです。これなんですけど」

「そのワインショップ、教えていただけますか?(と名前を聞いたら検索し、その画面を一緒に見る姿勢で)ここで合ってます?」

いかがでしょう? 不自然にならず横に並んだり、至近距離に入ることができます。

屋外なら「地図がわかりにくくて」と話しかけることもいいですね。

せっかくのチャンスですから、相手にスマホを渡してしまわずに、並んで見るようにしましょう。

ここはあくまで導入なので、そこから会話を広げていってくださいね。

着席スタイルでは座る位置から考える

夜のクラブでは、お客さまとより親密になれる座席位置があります。

1・隣り同士
2・相手と90度の位置（L字）
3・テーブルを挟んで向かい合った場合、相手から見て右斜め前

1の「隣り同士」がもっともいい位置です。

物理的な近さは心の距離も縮めてくれます。

視線は合わせなくても同じ方向を向いているため、リラックスして話も弾みやすく、さりげないボディタッチも可能。より親しくなれる席です。

2の「L字」位置もナイスポジション。

心理学の分野では「カウンセリングポジション」とも呼ばれる90度の位置で、親近感が増し、相手が自分の悩みや気持ちを打ち明けやすくなると言われます。

男性が本音を漏らすのに最適のポジションです。

テーブルを挟んで向かい合った場合は、「相手から見て右斜め前」が断然おススメの位置です。

なぜなら、人間の視線は「左から右」へ流れる習性があり、なおかつ「最後に認識したものが心に強く残る」という心理的作用があるからです。

それを応用したのが、この「相手から見て右斜め前」の位置なのです。

逆に「テーブルを挟んだ真正面」はNGポジション。

あいだに物を挟んで正対してしまうと、敵対意識が生まれやすいと言われます。

また、真正面から視線を浴びると、誰でもある程度は緊張したり照れたりするものです。まだそこまで親しくないうちは、リラックスした会話が生まれにくくなります。

着席スタイルのお食事会などで気になる男性がいたら、ぜひこの3つのポジションを活用しましょう。

私たちはもう「下品」は許されない年齢です

大人のコミュニケーションで意識したいのは「品」です。
10代、20代のころは、多少の品に欠けるギャル言葉を使っていても「かわいい」「若い」と許されていましたが、大人の女性が品や謙虚さを忘れると、残念な女に成り下がってしまいます。

礼儀や美しい言葉づかいを守ることは、「モテ」の面でも必須条件です。

夜の世界では、どんなに酒席がお祭り騒ぎになろうとも、最低限の品と礼儀、言葉づかいを守ることが、多くのお客さまから支持され、信頼を得る秘訣《ひけつ》のひとつでした。

自分からがんばって盛り上げ役に徹しすぎると、「モテ」に関してはマイナスに作用することがあります。

あるとき、クラブのお客さまが、こんなことを口にしていました。

「接待で大いに盛り上げてくれるホステスには感謝しているけど、自分が気に入っているホステスは、いつも品よく、恥じらいを持ってほしい」

このことを踏まえると、飲み会で「お笑い芸人」役になるのはご法度。

男性はあなたを異性としてではなく、単なる「盛り上げ役」「お調子者」という目で見てしまいます。

今日から「独身飲み会」はNGに！

女子会では当たり前の「ぶっちゃけトーク」も、男性が一緒の場では封印したほうが賢明です。

男性は意外にデリケートなので、あなたが親しくなろうと思ってくだけた調子で話したつもりでも、引かれてしまうかもしれません。

丁寧に話す、キレイに笑う、下品なぶっちゃけトークに乗らない。

大人の女性には、そういうちょっとした気づかいが必要です。

男性が同席しない場で、たまに羽目を外すくらいなら大丈夫ですが、それでも気をつけてほしいのは女子会のメンバーです。

とくに本気で「結婚したい！」と考えている女性なら、「独身オンリーの女子飲み会」に行くのは今日からやめましょう。

厳しい言い方になりますが、会話の内容が、愚痴の言い合い、傷のなめ合い、お互いの慰め合いばかりになりがちで、たいていポジティブな話題になりません。

さらに、よくも悪くもメンバー間で仲間意識が生まれるので、同列でいないといけない雰囲気になることもしばしば。

そこから抜け出ようとしている女性は裏切り者扱いされ、結果として足を引っ張られるといった傾向になります。

また、女性のあいだで大ヒットしたアメリカのTVドラマ『セックス・アンド・ザ・シティ』を嫌う男性がとても多いのをご存じでしょうか？

女性同士では「彼とこういうセックスをした」など細かい報告をし合う傾向もありま

すが、男性は「ベッドのことまで筒抜け」な女の友情に恐れをなしてしまいます。

どんなに親しい友だちでも、詳細な報告はしないこと。

女性は嬉しいことをつい言いたくなる性分なので、ここは気を引き締めてください。

「そろそろ話題がまずいほうに行きそう」と思ったら、スッと抜けることも大事です。

同性に学ぶためには既婚者飲み会へ

せっかく行くなら、結婚2~3年目の既婚者女性のいる飲み会にしましょう。

新婚の甘い雰囲気や楽しさを残しつつ、夫婦の生活をしっかり築こうとするのが、ちょうどその時期と言われるからです。

なれそめや結婚までのいきさつなどを聞いてみたり、相談に乗ってもらったり、既婚者の女性はどんな雰囲気なのかを観察しましょう。

成功者の話や意見を聞くことが、ビジネスにおいても恋愛においても有効なのです。

「会話美人」になるのは意外に簡単です

婚活や恋愛をしている女性の話題によくのぼるのが、出会いの場やパーティーなどで「男性とうまく会話できない」という悩みです。

若いころは大目に見られることがあっても、**大人の女性なら、最低限の会話はできるようになっていたい**もの。

「人見知りで……」なんて言い訳は、この年代にはNGです。

また、気になる男性がいても、まったく話しかけなかったり、せっかく話しかけられても受け答えが微妙に感じられたら、せっかくのチャンスが水の泡。

とはいえ、もともと口数が多くない方やどうしても初対面が苦手な方に、たくさん話さなくても男性に好印象を与える簡単な方法を3つご紹介します。

ひとつ目は「○○さん」と、必ず名前で呼ぶことです。

簡単すぎて、驚かれるかもしれませんね。

人は、自分の名前を呼ばれただけで「受け入れられた」「認められた」という気持ちが無意識に高まります。

「名前を呼ぶ」という行為は、相手の承認欲求を満たす重要な役目を果たすのです。

「このワイン、おいしいですね」より「○○さん、このワインおいしいですね」と言うほうが、あなたの印象はよくなります。

同様に、空いたグラスを前にしても、「お酒、何にされますか?」ではなく「○○さん、お酒追加しましょうか?」と言ったほうが、好印象を抱いてもらえるのです。

男性たちの頬を緩めるホステスの会話術

ふたつ目は「ちゃんとリアクションをする」こと。

たとえば、男性が「このワインはね――」とさりげなく話に乗ってきたら「まあ、ワインにお詳しいんですね」とリアクションをしましょう。

相手が話しているときは、しっかりと傾聴し、うなずくなどのアクションも効果的。

3つめは、フォローアップクエスチョン。

これは、相手の話した情報に質問を返すということです。

たとえば、相手とワインの話題で盛り上がっているなら、タイミングのいいところで「○○さんは、どちらのワインがお好きですか?」「○○さんおススメのワインバーは?」などと質問をするのです。

じつは、リアル対面でもオンライン上でも、**相手の話した情報に質問を返す「フォローアップクエスチョン」をすると、好感度がぐんと上がる**という実験結果があります。

得意分野を話す行為は、その人の脳にかなりの報酬をもたらします。

つまり、あなたが相手の得意分野や興味あることをしっかり言わせて、傾聴することで「この女性ともっと一緒にいたい」と思ってもらえるのです。

あくまでも「相手の得意分野・興味がある内容」で会話を広げるのがルール。

まったく見当はずれな質問をしたり、「詰問調」にならないようにしてください。

相手とより親密になるには、ユーモア交じりの色気を加えるのもおススメです。

「○○さんて、いっぱい女の子泣かせてそう。私も気をつけなきゃ（笑）」

「○○さん、ちょっと指を見せてください。あ、薬指が長い。これって男性ホルモンが多いんですよ」


いかがですか？　少しだけ心の距離が縮まった気がしませんか？

意外なキーワードとして使えるのが「セクシー」という言葉です。


「声が低くてセクシーですね」

「長い指がセクシーじゃない？」

「腕の筋肉がたくましくてセクシーですね」


どのフレーズも笑顔とセットで、「アイコンタクトをしながら」「下品にならない」がお約束です。

官能作家をしている私の場合は、「こんなにセクシーなら、今度、小説に登場させちゃおうかな」とか「やだ、目だけで妊娠させられそう」なども言っていますね（笑）。

先日、クラブ時代のお客さまと食事した際、「いまは何かにつけてセクハラとみなされるので、言葉選びに気をつかう」「女性との会話を楽しめない」という声が上がりました。

男性たちは日々、心を消耗させているようです。

こんなとき、下品にならない「ユーモア交じりの色気ある会話」ができる女性は、圧倒的に有利です。

初対面や初デートでは、セクシーなフレーズを口にするのは難しいという場合は、まず「○○さん」と名前をつけて話すことだけ徹底してみてください。

ホステスと同じように、流暢《りゅうちょう》に話せなくても問題ありません。

それだけでも、相手の方には好印象を抱いてもらえます。

「隙」と「ギャップ」は使いこなしてこそ活きます

よく恋愛指南の本で「モテる女には隙がある」「女はギャップが大事」などの内容を目にします。

一方で「その具体案がイマイチわからない」という女性が多いのも事実です。

たしかに「男性に魅力的な上手な隙」「ギャップ萌え」の箇所は人それぞれ。

そこで、どんなことが男性から見て魅力となるのかをご紹介します。

CA時代から現在に至るまで、男性側の意見を膨大に収集してきた上でのおススメの案です。

「あなただけに」自分のコンプレックスを開示

ルックスもよく、仕事もバリバリこなせる女性だとしても、人には何かしらのコンプレックスがあります。

それを「あなただから言えるの」と打ち明けると、男性はホロリとくるものです。

モテる女性は、この自己開示がとても上手です。

- （スタイルを褒められるけど）じつはお尻が大きいのが悩み
- （同様のパターンで）じつは胸が小さい（大きい）のが悩み
- 堂々とふるまっているように見えて、極度の人見知り
- 緊張しやすく、手汗がヒドイ

これは「美しい欠点効果」となります。

自分の弱みを他者に見せる行為は、本人にとっては「恐怖」とも言えますが、他人からすると、明かしてくれたことを「勇気や強さ」――つまり「美しい欠点」とたたえるのです。

男性は「俺だけに打ち明けてくれた」と特別感を得られ、秘密を共有することでふたりの距離がぐっと近づきます。

ただ、内容のセレクトはかなり重要。

初期の段階では、借金・病気・依存症・男性とのトラブル・親族間のトラブル・親の介護・過去にあった性的被害など、深刻なものは避けましょう。

「男のギャップ萌え」意外なポイント

男性の意見を聞いてみると、「えっ、そこも萌えどころなの？」と驚かされることが多々あります。たとえば、こんな例がありました。

- バリバリのキャリアウーマンがふと見せる涙
- インスタなどにアップされた「メガネ姿」「デニム姿」などのプライベートな一面
- いつも下ろしている髪をアップにしたときに見えたうなじ
- お堅い女性上司のかわいいほろ酔い姿
- ゆるふわ女性が、じつは柔道の黒帯を持っている
- 何をするにもスローテンポでドジな子が、飲み会のハプニングでテキパキと行動
- 会社では「売上第一主義」の女性が、休日にボランティア活動をしている

✓いつもファッション誌しか読んでいない女性が、じつは海外ミステリーに精通
✓意外に料理上手

普段オフィシャルな場では見せずとも、ここぞというときに披露するポジティブな意外性は、あなたへの興味を一気に深めます。

ぜひ、自分の「ギャップ萌えポイント」を分析してみてください。自分のルックスからは想像できないような趣味をはじめてみるのも、ひとつのアイデアです。

「隙&無防備」が男の恋心をヒートアップさせる

ギャップを感じさせた上での、次のような「隙」と「無防備さ」は効果絶大です。

✓気の強い女性がひどく気落ちしている姿。それを必死に隠そうとする姿勢
✓クールな女性がコロコロと大笑いする姿（あくまでも上品に）
✓電車の中で、こっくりこっくり眠ってしまう（脚は閉じたままで）

- 飲み会で「それひと口ちょうだい」と無邪気に言う
- ハイヒールでよろめいてしまう
- こちらに気づいていない無防備な後ろ姿
- 考えごとをしている横顔
- 一瞬、焦点の合わなくなった瞳
- 近づいたらふいに漂ってきた甘い香り
- 腕を上げた際、一瞬、脇の下が見えてしまう
- しゃがんだ瞬間、パンティラインが見えてしまう

いかがでしょうか？

これらの行動は、本人が意識していない、気づいていない状態だからこそ、男心をくすぐるのです。

もし、意識しておこなう場合は、確信犯がばれないよう、あくまでも上品に、そして自然にやってくださいね。

「連絡先の交換」や「抜け駆け」をかなえる誘い方

婚活をしている女性の悩みに、「パーティーなどで少し親しくなっても、連絡先まではうまく聞けない」「すごく気に入ったから、できればふたりきりで話してみたいけど、どうやって誘えばいいのかわからない」などの悩みをよく聞きます。

せっかく気に入った男性と出会えたのであれば、そこはぜひ次につなげなくてはいけませんよね。

まず「連絡先」ですが、改まって「連絡先を教えてください」と聞くのは、あまりよくありません。

短時間のうちに気安く話せるくらい親しくなっていれば別ですが、その日会ったばかりの相手だと、自分も緊張していると思います。

また、相手に対しても「私はあなたのことを狙っています」という必死さが出てしまうかもしれません。

連絡先は気軽な感じで「何かのついで」に聞きましょう。

スマホを使って上手に連絡先を交換

おススメは、スマホを利用すること。

「よかったら今日の記念に一緒に撮りません?」と自撮りモードで2ショットの写真を撮り、「じゃあこの写真送りたいので、LINEを教えてもらえますか?」という流れで聞くとスムーズです。

一緒の画面に収まるためには物理的にも接近しますし、さらに「あ、いまの変な顔しちゃった。もう1回ね」など、ふたりのコミュニケーションの時間もつくれます。

そして、送る際には、画像とともに「昨日は楽しかったですね」「また一緒に飲みましょうね」「明日もお仕事ファイト」などの短いメッセージをつけましょう。

もし撮影が難しそうな場合は、前述した「フォローアップクエスチョン」を使いましよう。

相手の興味ある話題（先ほどはワインを例にあげました）で、おススメの店や、ワインと料理の組み合わせなどを質問するのです。


「さっきお話しされていた＊＊、あとで教えていただいてもいいですか？　私のアドレスお伝えしますので」


このように自分のアドレスを伝えるという方法もあります。

いずれにしても、ストレートに「連絡先を教えてください」と言うより、「何かのついで」の理由をつけましょう。

女性からのお誘いはほとんど拒否されません

次に「とても気に入ったから、できればふたりで会いたい」というケース。

女性の側から誘うのは恥ずかしいし、男性から誘わせたほうがいいという意見もありますが、本当に気に入った男性と出会えたなら、女性から誘うのもＯＫです。

大人の女性ならではの上品な誘い方もあります。

たとえば、1次会が終わった段階で、その男性にこそっと「え、帰っちゃうの?」と、かわいらしく、もしくは残念そうに言うのはいかがでしょうか。

ほかにも「珍しいワインを飲ませてくれるお店があるんです。期間限定なので、よかったらいかがですか?」とさりげなく「お得感」をアピールするのも一案です。

また「じつは○○さんに、ちょっとご相談があるんですけど……」など「あなたにだけ特別に話したいことがある」などもきっかけとしてはいいと思います。

相手がよほどあなたに悪印象を持っておらず、次の約束が入っていない限り、拒否される可能性はかなり低いはず。

誘う際に、気をつけるべきなのは、「前のめりになりすぎない」こと。

あくまでも、控えめ、かつかわいらしく「あなたに好感を持っていますよ」という姿勢でお誘いしてみてくださいね。

「女の嫉妬」に振り回されなくなるテクニック

「女の敵は女」とはよく言ったものですが、みなさんの中にも、あからさまな嫉妬の感情をぶつけられ、不快な経験をされた方は多いのではないでしょうか。

自分よりも恵まれた相手に嫉妬し、横やりを入れ、幸せを奪い取ろうとするのは、女性のイヤな部分のひとつです。

私自身、作家業の前はＣＡ、モデル、クラブママという「女の社会」で過ごした経験が長いため、よくも悪くも女の嫉妬に振り回されてきた者のひとりです。

もちろん、私自身も知らず知らずのうちに、ほかの人を傷つけてきたかもしれません。自戒《じかい》の意味をこめて、お話しさせていただきます。

さて、どの世界でも嫉妬とやっかみは存在しましたが、お金と人気が絡む夜のクラブでは、「男性客に選ばれるという相対評価の中で生きている」ため、たいへん根深いものがありました。

女性にありがちな「他者と比べる」「他者に嫉妬する」は、時代が変わってきたとはいえ、いまだ伝統的に残る「選ばれる側の性」であることに由来するのです。

男性も他者と自分を比較しますが、女性が「選ばれるのが自分か他人か」であるのに対して、男性は「社会において、自分はどの辺りのポジションにいるか」というものが多いと感じます。

ただ、政治などの閉鎖的な世界では、イス取りゲームさながらに権力の奪い合いが起こり、女性同様にどす黒い嫉妬の現象が渦巻いているようです。

負け犬の攻撃にはスルー&パワーポーズで

攻撃してくる相手への対処法ですが、私は以下のことを心がけました。

- **まずは仕事（売り上げ）で結果を残す。**
- **他者の悪意に引きずられず、スルーする能力をつける。**

✓一方で「自分はそういうふうに見られているんだ」と、日ごろの言動に注意する。
✓イヤな相手にも声を荒立てず、挨拶と仕事上の連絡事項はきっちり伝える。
✓悩みを打ち明けるのは「別フィールド」で「口の堅い」人物と決める。

仕事で実績を残すのは言うまでもありませんが、たとえイヤミを言われた場合でも、にっこり笑ってスルーしましょう。

感情的になった時点で、相手は負けを公言しているようなもの。**乱暴な言い方になりますが、負け犬ほどうるさく吠《ほ》えるものです。**

相手の言動に心を乱すことはエネルギーのムダと考え、いまやるべき目の前のことに集中する――簡単なことではありませんが、気持ちを切り替えるのも訓練次第で習慣化できます。

気分転換の一例として、屋外に行って思いきり深呼吸するのもいいですし、胸を大きく広げる「パワーポーズ」を取るのもおススメです。

また、ＹｏｕＴｕｂｅでかわいい動物の動画を見るのもいいですね。

自分が「かわいい」と思うものを目にすると、「オキシトシン」という癒やしホルモンが分泌され、人を幸福感で満たす作用があると言われています。

クラブ時代の私の気分転換法——と言いますか、避難場所は、店の非常階段でした。六本木ヒルズが隣にそびえるビルの5階の非常階段からは、きらめく夜景と赤く灯る東京タワーがとても美しく見え、心がすさんだときなど、どれほど励まされたかわかりません。

相談相手や味方を間違えないこと

本音を吐露《とろ》できる相手や、物事を公平に判断し最善案をくれる相談者を見つけておくのも重要です。

味方となってくれる人がひとりいるだけでも、ずいぶん心強いですよね。

ただ、私が同じクラブのチーママやホステスに対して、深刻な悩みを打ち明けることはほとんどありませんでした。

裏切りや寝返りが日常的に起こりうる夜の世界では、ふとこぼした悩みが、貴重な情報源となって、いざというときの攻撃材料になるからです。

相談相手は、決して裏切らない家族か、もしくは店とは無関係の口の堅いスナックのママでした。

いまも「すべては自己責任」というマイルールをつくり、いい距離感で人とつき合うようにしています。

よく言われるように、**嫉妬をはじめとする負の感情をまき散らす人の多くが「心に傷を負っている人」**です。

たとえ仕事が充実し、経済的に不自由がなくとも、精神的に満たされていなかったり、家族関係に悩みを抱えていたり、過去のトラウマを引きずっているなど、つねに心に闇を抱えている人が大半です。

悪意に引きずられないよう、慎重に対応すると同時に、「相手にもさまざまな事情がある」ことを理解する気持ちも持ちたいものです。

外見、態度、ジョークのフル装備で怖いものなし

さて、女性から攻撃されにくく、軽くあしらわれないコツを提案します。

［外見について］

- 洋服はシンプル＆シック。モテ色のパステル系は封印して、色はネイビー、グレー、白、ベージュなどのベーシックカラーできりっとしましょう。
- 髪は後頭部をふっくら盛ってください。ぺちゃんこな後頭部をふっくら盛ると、気品と高級感にあふれ、知的な印象を与えます。この効果は絶大で、ＣＡ間でも「クレームを言われにくい髪型」と言われています。

［態度について］

- 相手としっかり目を合わせることは、自信の表れにつながります。伏し目がちでいると、「格下の人間」と舐《な》められてしまうので、アイコンタクトは重要です。
- 猫背で視点が定まらず、おどおどした人は、相手からの信頼も失います。攻撃対象になるばかりか、重要な仕事も任せてもらえません。
- 視線を上げて、胸を張りましょう。前述しましたが、胸を大きく広げる「パワーポーズ」という姿勢は、霊長類が力を示したいときに取るものです。相手に軽んじられないばかりか、自分自身もポジティブになれるポーズです。

皮肉やパワハラにはニッコリ笑ってチクリ

これは一例ですが、ニッコリ、もしくは苦笑しつつ「もう、○○さんのそういう言い方が嫌～い」「その言葉って、けっこう傷つくんですよね」「次、それを言ったらレッドカード！」などと、ジョーク交じりでくぎを刺しましょう（このセリフは、男性のセクハラ対策にも効果的です）。

「気が弱い」「言いたいことが言えない」というレッテルを貼られてしまうと、周囲は舐めてかかります。

相手には取るに足らない言葉でも、こちらにとっては「地雷」であることをしっかり伝えましょう。

この項では、女性の嫉妬から身を守るコツを提案させていただきました。

巻きこまれない強さを持つと同時に、相手にやんわり伝える、そして「攻撃してくる人ほど、大きな傷を負っている」と認識して、余裕ある対応を心がけたいものですね。

「永遠にモテる」No.1ホステスの4つの心得
男性から愛され続けるモテ女性がやっていること

ホステスの役割は、お店に来てくださったお客さまに夢を与え、非日常を楽しんでいただくことです。

夜のクラブは、美と若さ、トーク術や心配りなどなど、女性が自分の価値を最大限に発揮して売る熾烈《しれつ》な競争の場です。

生き残っていくためには術・技が磨かれますし、男性の心理を熟知していくことになります。

ホステスの技術は、一般的な恋愛関係にも十分に応用できるものです。

男性客に選ばれ、リピートされる女性になるために私が心がけていたポイントや、導き出した結論をご紹介します。

1・簡単に手に入った女は、すぐに飽きられる

苦労して手に入れたものほど、大切にするのが人間の性《さが》。逆に、簡単に手に入ったものの位置づけは、限りなく軽いのです。

恋愛においても「苦労して口説いた女性ほど、価値がある」とみなされます。1回目のデートでは、どんなに盛り上がっても、決して体を許してはいけません。

早急に仲よく親密になると、飽きられるのも早いのです。

何よりも「身持ちが軽い女」のレッテルを貼られてしまいます。

恋愛も信頼関係も、じっくり時間をかけて育んでいく。それが大人の女性の王道と覚えておきましょう。

2・「また会いたい」と思わせる引き際が肝心《キモ》

クラブホステス時代、閉店後に、お客さまとカラオケやお食事に行くこと（アフター

に行くこと）は、お客さまとの親交をより深めて、リピーターを増やす絶好のチャンスでした。

しかし、盛り上がっているときこそ、ダラダラとは過ごしません。

いいタイミングで「ありがとう。今日はとても楽しかった」「次に会うのが楽しみ」と、最高の笑顔できり上げるのが私の接客スタイルです。

というのも、時間が経つにつれて酔いが回ったお客さまの多くが理性を失い、早急に男女の関係を求めてくるからです。

それをお断りすれば、不快な気分のまま帰路につかれることになり、結果、二度とお店に来てくれなくなることもありました。

男性の欲望は満たさず、絶やさずです。

つねに「わずかな飢餓感」を与え、そのために「また会いたい」と思ってもらえるように誘導した結果、10年間クラブママとして働けたのだと思います。

男女の仲で大切なのは「距離感」と肝に銘じ、一緒にいすぎない、見せすぎない、ミステリアスな部分を残しておくことも、長く愛される秘訣です。

3・「絶対的な味方」は恋人への第一歩

夜のクラブでは、「お客さまに口説かれること」は仕事の一部です。

だからといって、ここで体の関係を持ってしまうのは、ホステスとしては低レベル。

極端な話、男女の関係になるのはとても簡単なことだからです。

私の場合、何度も口説かれ、ホテルに誘われ、プロポーズを受けても、やんわりと断り続けました。その代わりに「恋人や奥さんにはなれないけれど、あなたのいちばんの味方になるから」とお伝えしました。

「恋愛対象ではなく、人としての信頼関係」を築く努力をしたのです。

会社の人や家族にも言えない悩みごとの相談や、ビジネスチャンスになる人とのお引き合わせなど、相手の「コンサルティング的立場」の役割も果たしました。

これは決して、ホステスという職業にのみ有効なワザではありません。

「信頼を高め、絶対的な味方になる」という関係性は、使い方次第でいくらでも恋愛関係へと発展することを覚えておいてください。

たとえば、あなたがとても好意を持っている男性がいたとして、男性のほうはまだそこまでの気持ちではないケース。

男性に、ほかにも女性の影がちらついているケース。

明らかにあなたがセカンドの立場のケース。

そんなとき、あなたが「絶対的な味方」というスタンスを取り続けていれば、何かのタイミングで「あなたが優勢」になる可能性は高いのです。

絶対に手に入れたい男性がいたら、試してみることをおススメします。

ただし「セカンド期間」は、きちんと期限を決めましょう。

ほかの女性のものになるかもしれない男に、あなたの貴重な時間とエネルギーを注ぐ必要はありません。新しい恋を始めましょう。

4・「大人の別れはフェードアウト」が理想

常連のお客さまが別のお店に通うようになったり、いままで指名してくれた人が別のホステスに指名替えをする。

これらは、夜のクラブではよくあることです。

そんなとき、目くじらを立てずに「ちょっと寂しいけれど、気が向いたらまた一緒に飲もうね」と笑顔で送り出すホステスほど、不思議とお客さまが戻ってきます。

恋愛も同じで、心が離れつつある相手にすがっても、さらに嫌われるだけ。

連絡しても「いま忙しい」「こっちから連絡するよ」というそっけない返事が続いたり、スルーされるようなら、潔く身を引きましょう。

その際、わざわざ「私たち、もう別れよう」「もう連絡しないから」などと宣言する〝白黒つけ女〟に成り下がるのはNGです。

大人の恋愛の終わりは、フェードアウトが理想です。

人間関係は3か月も経てばガラリと一変することが珍しくありません。

いずれ訪れる素敵な出会い、もしくは思わぬ再会のためにも、波風を立てない、賢く潔い女でいましょう。

第4章

じつは
男性を遠ざける
「こんな女」には
ならないで

～モテる女だけが知っている
「男の本音」とは?

思わず男性をドン引きさせる女たち

「うわ、ないわ〜」と彼らが恋に冷めた言動

初めのうちはいい雰囲気だったのに、気づけば彼からの連絡が減っている。デート中も以前ほど盛り上がっていない……。

ルックスに気をつかい、会えば気配りを欠かさないのに、なぜか恋人ができなかったり、長続きしなかったり、結婚願望もあるのになかなか相手が見つからない。

男性と食事デートを楽しんでも、その後の進展がない。相手のためと思ってアドバイスしているのに、逆にムッとされてしまった。

でも、ちょっと振り返って考えてみてください。

あなたは気づかぬうちに「男を幻滅させる地雷」を踏んでいたのかもしれません。

いま一度、自分の言動を振り返ってみましょう。

過去の話を蒸し返す「記憶よすぎ女」

女性は、楽しかったことや嬉しかったこと、逆に怒ったり泣いたりした過去の出来事の記憶に長《た》けている一方、男性は、感情にまつわることを記憶するのは不得手だそう。だからこそ、過去の話についての見解が男女で違ってきます。

過去を蒸し返すことで「執念深い」「粘着質」のレッテルを貼られてしまうことも。

「何かあるたびに『あのときもああだった、こうだった』と、いちいち昔のことを持ち出してくる彼女。もうウンザリです」（36歳・文筆業）

「口論の際、数年前のことを持ち出す女性に『意外と執念深いね』と言ったら、さらに逆上。火に油を注ぐ結果に……』（40歳・保険営業）

「記念日をうっかり忘れていたら大激怒されました」（38歳・SE）

彼に浮気の前科があり「くぎを刺す」という意味では、過去のエピソードを使うのも効果的かもしれません。

しかし、やりすぎは禁物。彼の我慢も限界になるかもしれないことを忘れずに。

酒癖が悪く、愚痴や悪口が多い「酒乱女」

正気をなくすまで酔う、愚痴る、怒る、泣く、からむ、騒ぐ……。
「あのときは酔っていたから」との言い訳は通用しない時代になりました。
逆に、お酒で、あなたの隠し持っていた本性が現れたと思ってください。

「会社に、酒が入るとやたら体に触ってくる年上の女性がいます。しかも『寂しいの。エッチしちゃう？』と。怖くて即、断りました」（30歳・アパレル）

「ちょっといいな、と思っていた女性と飲みに行ったら、最初から強い酒をガンガン頼み、あげくの果てには具合を悪くしてトイレにこもりきりに……。一瞬にして好印象は消え去りました」（34歳・法律事務所）

「憧れていた女性を、ようやく食事デートに誘うことに成功。でも酔うごとに、話題は会社の愚痴、上司の悪口、同僚の噂話など、ネガティブなものばかりに。恋愛感情は吹っ飛びました」（33歳・デザイン関係）

周囲に迷惑をかける行為はもちろん、せっかくのふたりきりの時間が台なしです。お酒に強いという自負のある方でも、若いころとは体のつくりが違います。たった一度の失敗が、取り返しのつかない事態を招くリスクも十分に考慮しておきましょう。

お店での言動が高飛車な「上から目線女」

レストランやカフェのスタッフなど、自分より「弱い立場」の人に対して、横柄な態度を取っていませんか？

これは、普段から不満を溜めこんでいる女性に多く見られる傾向があります。

「少しでも店員に落ち度があると『プロ失格ね』『あなたじゃ話にならない。店長を呼んで』と高圧的な彼女。いつ別れをきり出そうか悩んでいます」（35歳・公務員）

「女性上司と仕事でタクシーに同乗したときのこと。道を間違えた運転手さんに向かって『間違えたんなら、メーター止めるくらいの配慮みせたら？』と怒声が。キツイ物言いに、普段の品格はなく、アゼンとしました」（30歳・金融関係）

「アラフォーくらいの女性が、あるショップでスタッフを『ちゃんとしなさいよ！』と、鬼の形相で怒鳴りつけていた。理由は不明なのでスタッフにも落ち度があったのかもしれないけど、どちらにしても一緒に仕事をしたくない」（41歳・医療関係）

酔ったときとともに、怒ったときも人間性が表れます。

ＣＡ時代、クラブ時代と、多くのご立腹場面に遭遇しましたが、鬼の形相で舌鋒鋭く、威圧感たっぷりに相手を攻撃（口撃）する人は、とても損な人生を送っているというのが素直な気持ちです。

逆に、冷静に苦言を呈することのできる人は、器の大きさや成熟を感じさせ、まわりに人が寄ってくるだろうと、しみじみ思います。

相手側に明らかなミスがあった場合であっても、感情をコントロールする習慣をつけたいものですね。

包容力と寛容さがない＆薄い「否定女」

自分と同じ価値観、感じ方、理解度、処理能力を持つ人は、ひとりとして存在しません。しかし、意見が食い違うと、頭ごなしに否定してしまう女性がいます。

とくに、ある程度の人生経験を積み、仕事でも上の立場に立っている女性は要注意。ダメ出ししてくれる人がいなかったり、いままでの言動や行動でうまくいっているという自負があるため、「自分は正しい」という固定観念があるのです。

ふとしたとき、次のような言動を取っていませんか?

- **「あなたの考え方はおかしい」「それは違うね」など、自分の意見をゴリ押しする**
- **「そんなこともできないの?」と自分のレベルで物事を考え、高圧的な態度をとる**
- **「それって社会人としてどうなの?」など、相手を下に見た言動が多い**

育った環境や成長過程が違えば、才能、スキル、理解度、はたまた常識だって違って当たり前。

世の中には「私の常識は、あなたの非常識」という言葉さえ存在するのです。

もし、相手と異なる考えを持ったときには、最初に肯定してから自分の意見を述べる「YES、but(イエス・バット)」方式を取りましょう。

「そうですね。でも……」「そのような考え方もありますよね。ただ私の場合は……」など、最初に肯定の言葉を必ず入れるのです。

同時に「コレを言ったら相手はどう感じるかしら」と、相手の気持ちを想像する余裕を持ちたいものです。

心を柔らかく、譲れるところは譲る寛容さを忘れずにいましょう。

男性のプライドをへし折る「恥辱女」

男性がもっとも大事にしているのはプライドです。

それを理解できず、人前で男性に恥をかかせる女性、プライドを傷つける女性がいます。

大勢の人がいる場で「その話、前にも聞いたわ」「え、そんなことも知らないの？」などのような、男性の無知やうっかりミスなどをあげつらう言動はご法度です。

また、気をつかったつもりが、じつは男のプライドを大きく傷つけてしまう場合があります。

たとえば、高級なお店でごちそうしてもらった際に「無理させちゃってません?」などと言うと、男性の面目は丸つぶれ。

ここは気持ちよくごちそうになり、笑顔でお礼を述べるのがマナーです。

ニッコリ笑って「美味しかったです。ごちそうさまでした」「素敵なお店にご一緒できて、本当に嬉しかったです」などの言葉は、いい時間を共有できた男性にとって、最高の報酬になります。

また、一般的に女性への褒め言葉として使われる「かわいい」「若い」「繊細」「(体が)細い」「色白」などは、男性によっては嬉しくなかったり、バカにされた気分になったりと、失礼に当たる場合があるので要注意。

「イケメン」など、ある意味、薄っぺらな褒め言葉も、人によっては不快になるそう。言葉選びには気をつけたいものですね。

男性が嫌う極端な束縛をしてくる女たち「息が詰まる！」と彼らの不満は爆発寸前！

束縛がキツイ「監視女」

男性の「ひとり時間」「自由な時間」を尊重しない女性はうとまれます。

女性側も精神的に自立し、趣味や女友達との時間など、彼以外の世界を持つことが大切です。

「つねに行動をともにしたがる彼女にうんざり。男同士の飲み会でも『誰と？』『どこで？』『何時に終わるの？』と質問責め。少しでも帰宅時間が遅いと、スマホには着信の嵐」（39歳・製薬メーカー）

「週末はいつも一緒にいないと気がすまない彼女。たまに会わない週末があっても、電話やLINEの嵐で休まらない」(38歳・広告代理店)

「妻は、僕の予定を細かに把握していないと、とても不機嫌になる。だいたいの帰宅時間を伝えるくらいはいいけど、出張のときに『毎日の旅程すべて教えろ!』というのはムリ」(46歳・金融関係)

男性の自由を奪い、すべてを知ろうとすると、別れを早める結果になります。

恋人でも夫婦でも、相手の領域を侵さず、土足で踏みこまない。ほどよい距離感を取ることの大切さを知っているのが、大人の女性です。

過去の恋愛を執拗に聞く「知りたがり女」

「男の過去を知りたがる女性には幻滅する」という意見も多いです。

彼がこれまでどんな恋愛をしてきたのか、気になるところだと思いますが、無理に聞くのはよくありません。たとえ知ってしまっても、そっとしておきましょう。

男性陣からは、こんな悲鳴があがっています。

「つき合いはじめの彼女が、元カノと別れた理由を何度もしつこく聞いてくる。『あなたとは失敗したくないから』と言ってくるが、僕としては大迷惑。今回も失敗しそう」（36歳・公務員）

「僕のSNSをさかのぼったようで『去年のいまごろは元カノと旅行だったたんでしょ』とにっこりした彼女。さすがに怖すぎる」（33歳・旅行代理店）

「ことあるごとに『私がいちばん？』と聞いてくる彼女。愛情や不安の裏返しなんだろうけど、そろそろ疲れてきた」（40歳・電子機器メーカー）

たとえ彼がSNSの写真を削除していても、そのとき一緒にいた友人のものが残っていれば、ある程度さかのぼって調べられます。

でも、彼の過去をあさっても、ほとんどの場合、そこに「幸せ」はありません。嫉妬を覚え、モヤモヤと鬱屈した気持ちになるだけでしょう。

そもそも、過去があるから、あなたとつき合っている彼がいるわけです。

「彼の過去を調べないと気が済まない！」というなら、それは「愛着」でなく「執着」です。執拗《しつよう》に調査するのはやめましょう。

頼ってくれない「甘え下手女」

男性に甘えることをせず、何でもひとりでやってしまう女性は「俺がいなくてもいいんだ」「俺って頼りにされてないのか?」と判断されます。

早い話、男性を不安にさせてしまうのです。

とくに大人の女性ともなると、何でもひとりでやることが当然となり、「男に頼るなんて」「私はひとりでやれるから大丈夫」という気持ちが強い人も多いようです。


でも、男性は女性に頼られるのが大好きです。


ときには「ちょっと手伝ってもらえないかな?」「荷物を半分持ってもらいたい」「○○について教えて」など、甘えたり頼ったりしてみてはいかがでしょうか?

本当にシリアスな内容で頼るのではなく、荷物をちょっと持ってもらうくらいのことは、あなたの価値を下げることにはなりません。

ときには「男性に頼る、甘える」を、ぜひ実行してみましょう。

コラム6

〝あざとかわいい〟のは罪じゃない

ある程度、年齢を重ねた大人の女性ともなると、「かわいらしく振る舞う」ことを嫌う傾向が見られます。

とくに仕事をバリバリこなし、部下を抱える上司の立場だと、甘えたり頼ったり、ましてや甘めの声で喋るなんてできない、という人も多いでしょう。

しかし、女性は公私ともに「かわいげを持つ姿勢を忘れないでほしい」というのが、長年の接客業で私が得た学びのひとつです。

もちろん、職場で男女の差別をなくしていくことは必要ですし、グローバルな面できびきびとした態度や、「女」を強調しない対等さも重要です。

ただ、日本の社会では、まだまだ保守的な女性を望む向きが多いので、強さを前面に出した言動では、損をしてしまう場合が多々あります。

同じ内容でも、柔らかくかわいらしく伝えるほうがスムーズに進むこともあります。

「かわいらしさ」は罪ではありません。

ときには男性に愛らしく頼んでみたり、相手が部下や年下でも、甘えてみるのもいいと感じます。

たとえば、私がおススメしている「ホステスのモテ仕草」があります。

男性を見つめるときや、話を聞く際に、まっすぐ伸ばした首を、ときどき左右どちらかに傾けるのです。

これは「柔らかい」「可憐《かれん》な」「情緒豊かな」印象を相手に与えます。

同性に対しては「あざとい」雰囲気に伝わってしまうかもしれませんが、こと男性に限っては効果絶大です。

甘えられているイメージになり、「かわいい」という印象が刷りこまれます。

ときには、こんな〝あざとかわいらしさ〟も利用してみてくださいね。

男性に「本命」とみなされない女たち
「結婚はないいな」と彼らが身を引いた瞬間

育ちが悪そうな「ガサツ女」

結婚を前提とした本命の彼女に「育ちのよさ」を望むのは当然のこと。

ふと気を抜いた瞬間に出てしまった言葉づかいや仕草、立ち居振る舞いで、あなたにガサツさ、品のなさを感じているかもしれません。

- 食べ方が汚い。食べ物の好き嫌いが多く、文句が多い
- 食事中もずっとスマホをいじっていて、マナーが悪い
- 話題がいつも同僚や先輩の愚痴と悪口

- 「お前」「マジ」「ヤバい」「ウザい」など言葉づかいが汚い
- 体の関係になった途端、部屋の中を裸で歩くようになる
- 椅子に座る際、股を開きっぱなし
- 周囲の迷惑を考えず大声で話したり、男性をバンバン叩いて大笑いする

どれもが最悪とも言える行為ですが、近年、もっとも相手を不快にし、人間関係を壊すのは「ファビング」と呼ばれるスマホに関する行為です。

- 相手が話しているときに、スマホをいじっている
- 対話中にスマホの画面をチラ見する

食事中などは、相手から見えるテーブル上にスマホを置くだけでも、ファビングに当たるそうです。

たしかに、自分のことに置き換えて考えてみれば、会話中に相手が時計やスマホを見たら「つまんないのかな」「早く帰りたいのかな」と、がっかりしてしまいますよね。

スマホ依存症の人、当たり前のように肌身離さぬ人は、十分に気をつけましょう。

すぐ笑いを取ろうとする「お笑い系女」

たとえば、数人の男女で飲み会をしているときなどに、率先して「お笑い系」や「ぶっちゃけキャラ」を担当する女性がいます。

これは男性からすると「女」としてカウントしない人になってしまう可能性が大。女度が低いと同性からの人気は高まりますが、こと恋愛や婚活においては、逆に作用してしまうのです。

女性同士の集まりならまだしも、出会いの場や、好みの男性がいる場では「お笑い系キャラ」は封印しましょう。

黒歴史を全開にする「ディープ女」

「人に歴史あり」と言いますが、実際は恋愛の初期段階で「女性のネガティブな過去・重い黒歴史」を知ってしまうと、困惑せざるを得ないのが男のホンネです。

「彼女の過去の体験人数が100人以上と知ってショックを受けた」（30歳・広告関係）
「デート中、元彼のグチを延々と聞かされたことがある」（37歳・保険営業）
「『ティーンのころヤンキーだった』と告げられた」（32歳・映像関係）
「実家や親とのかなりネガティブな関係を相談された」（34歳・食品メーカー）
「過去に中絶経験があると、まさかのカミングアウト」（46歳・研究職）

女性側としては「情報を共有することで安心感を得る」「ウソをつきたくない」という心理が働き、つい話したことかもしれません。

ですが男性は、じつはかなり純粋でデリケートな生きものです。

とくに過去の性体験を打ち明けるのは厳禁と心得て、間違っても言わないようにしてください。

それを知っただけで、EDになってしまうことだってあります。

また、どんなに親密になっても「どこかミステリアス」な部分を残しておくことは、男女間に不可欠です。

すべてをさらけ出すと、余計な「ノイズ」まで知らせることとなり、マイナスに作用することが多々あります。

とくに、初期段階での情報開示はやめましょう。場合によっては、墓場まで持っていく気持ちも必要です。

恋愛に積極的すぎる「超ドS女」

歴史的に「男性は狩りをする性」であり、いうなれば「女性を追いかけたい傾向が強い」と言われています。

それゆえ、積極的すぎる女性に及び腰になりやすいようです。


「毎晩のように、おやすみ前の電話をしてくる彼女。つき合い当初は楽しかったけれど、残業のときや飲み会中もお構いなし。出ないと不機嫌になるし、正直うざい」（32歳・公務員）

「ふたりのデートや旅行の写真を、いつもSNSにアップしたいと言う彼女。最近では断るのが面倒くさいので、撮影そのものを拒否しています」（36歳・金融関係）

「最初のときから、ホテルに誘ったのもベッドでリードするのも彼女。お互い大人とは

いえ、ちょっとでいいから恥じらいも欲しい」（32歳・飲食業）

「セックスを動画撮影したいと言ってきた彼女。データに残るのは怖いので断ったけど、AVさながらの度を越した言動に、最近では心も体も萎え気味」（44歳・出版関係）

ふたりの相性にもよりますし、男性がMっぽい体質で受け手側を好むカップルなら問題ありません。

ですが、女性が積極的すぎて、彼の日常生活やメンタル面の負担になっていることも考えられます。

いま一度、振り返ってみましょう。

男性が「面倒くさい」「色気がない」と感じる女たち

「こいつといても安らげない」と彼らが敬遠する性格

きっちり片をつけたがる「白黒ハッキリ女」

ある程度の人生経験を積んだ男性が嫌う女性のひとつのタイプが「白黒ハッキリ女」です。こういうタイプは男性にうざったがられます。

たとえば、次のような行動パターンがあげられます。

- グレーゾーンを許さず、白黒、善悪、勝ち負けをハッキリつけたがる
- トラブルがあると、納得するまで時間に関係なく議論につき合わせる
- 「悪いと思うなら、いまちゃんと謝って」など、徹底的に謝罪を要求する

つまり「スルーする」ことを許さない女性です。

議論を好み、白黒をハッキリつけたがることは、ビジネスでは有効に働くケースも多いと思いますが、彼とのあいだに持ちこむのは得策ではありません。

これが続くと、男性は「これが毎日になったら……」と想像し、あなたとの結婚生活はムリだと判断するようになっていきます。

「自分の要求を最優先にして、男のプライドを平気で損なう女性はNG。賢い女性は、伝え方にも気配りがある」（45歳・商社）

「食事に行けば『サービスが悪い』で、混雑していれば『デートの段取りが悪い』などと文句たらたら。もう別れるしかない」（30歳・家電メーカー）

「こちらのちょっとしたミスには『謝って』と執拗に言ってくるくせに、自分のミスには言い訳ばかり。会うたびイライラする」（37歳・出版関係）

あなたは何の疑いもなく、相手を消耗させているのかもしれません。

ちょっと振り返って考えてみましょう。

口を開けば自虐ネタが多い「私なんて女」

大人の女性がついやってしまいがちなのが「自虐ネタ」です。


「もうオバサンだから」

「腰痛と老眼がひどくて」

「昭和の話だからわからないよね」


あなたは笑いに変えたつもりでも、白けた空気が流れることになるでしょう。

「そんなことありませんよ」などと、表面上は社交辞令を言ってくれる男性もいるかもしれませんが、「痛い人」という印象はしっかりと刻まれます。

みなさんも経験があると思いますが、男性に「俺ってモテなくてさ」と言われれば、「いえいえ、そんなことは……」と苦笑いするしかありませんよね。

まさにそれです。

自虐ネタは避け、楽しい会話になるよう心を配りましょう。

男性のスマホをチェックする「覗き見女」

文明の利器であり、いまや持たない生活は難しいと思われる携帯電話やスマホですが、こと男女間では、トラブルの種になることもしばしばです。

どんなに見たい気持ちがあっても、勝手にスマホを見るのはやめましょう。

たとえ夫婦であっても、プライバシーの侵害です。

クラブママ時代にも、携帯電話やスマホが原因で、夫婦間に亀裂が入ったという話を何度も耳にしました。

ホステスからのお礼メールを奥さまに見られ、朝まで土下座することになってしまったお客さまに、「もうお礼メールは送らないで」と注意されたこともあります。

奥さまは、ご主人を愛するあまり、つい見てしまったのかもしれません。しかし、それがきっかけで、妻への信頼は一気に失せたと言います。「スマホを盗み見た妻」「やましいことはないのに土下座させた妻」にイラ立ちを捨てきれないそうです。

夫や彼のスマホに、あなたの幸せはありません。「見ない」という選択が正解です。

ふと見えた瞬間にげんなり「ぐちゃぐちゃ女」

バッグの中は、その人の性格が表れやすいと言われています。

たしかに、必要最低限のアイテムを整理して持っている人と、中身はぐちゃぐちゃでパンパンに膨れ上がったバッグを持っている人とでは、印象がまったく違うでしょう。

「食事デートのあと、2軒目のカフェで『ここは私に払わせて』と財布を開いた彼女。中がレシートやポイントカードでパンパン。あげく『ポイントカードが見つからない』と探しているうちに、レジは大行列。恥ずかしかった」（38歳・IT業）

「荷物が少ない人って、思考回路もシンプルで好感が持てる」（43歳・広告関係）

「ふとしたときに見えたバッグの中がぐちゃぐちゃだと、この女性は部屋も汚いんだろうなと勘繰ってしまう」（33歳・出版関係）

心配性の女性は「万が一、○○が起きたときのために」と薬から身だしなみケアグッズ、お菓子や飲み物に至るまで、どんどん荷物が増える傾向があります。

これらを入れるための大きなバッグは、「オバサン」を象徴するアイテムです。
その上、中までぐちゃぐちゃでは、悪い印象になるのは避けられません。
荷物はシンプルに。
そして、整理整頓《せいとん》のクセはつけたいですね。

さて、次は身体的な「ドン引き」をあげてみましょう。

意外と目立つ首から上「ムダ毛の隙アリ女」

ワキの下や手足、Vラインなどはきっちりケアしているつもりでも、意外に見落としがちなのが、首から上のうぶ毛です。

「部内で、仕事もできて美人と評判の女性。間近で見たら鼻下のうぶ毛がうっすら。きれいなだけに、かなりガッカリした」（35歳・自動車メーカー）
「夏場、首まわりが大きく開いている服を着ている女性の背中の上のほうが見えたとき、うぶ毛が濃くてちょっと驚いた。脱毛すればいいのに」（30歳・営業代理店）

「通勤時のエレベーター内で、髪をひとつにまとめた女性の真後ろに立ったときのこと。いや応なく視界に入るうなじと、耳の裏側に毛がボーボー。美容室で処理してくれないのかな?」（42歳・食品メーカー）

むだ毛の処理は大変ですが「女性なら当然」と思っている男性は少なくありません。外出前は三面鏡や拡大鏡でチェックしましょう。

たるみ目立つ「膝に顔アリ女」

ボディの部位で年齢を感じさせるのは、お腹やヒップのライン、二の腕の裏側のたるみ、手や首のシワなどですが、じつは「膝のたるみ」も立派な興ざめポイントです。

膝がたるんでくる主な原因は、筋肉の衰えとむくみ。

筋力が低下したことで、大腿の脂肪を支えきれず垂れ下がってきたり、運動不足や冷えでリンパの流れが悪くなることから起こります。

セルフケアではなかなか解消しづらい部位のため、美容皮膚科には「膝の脂肪を溶かす、脂肪溶解注射」の施術もあるほど。

手っ取り早い回避策としては、ミディアム丈のスカートで隠すのがおススメです。

ほかにも、膝周辺のマッサージや、「空気イス」などのエクササイズで、ぽっこり膝のケアをしましょう。

まったく意識していない「下着ライン丸見え女」

オシャレで優美なランジェリーにこだわる女性が増えている一方で、「人に見せるものじゃないし安さ優先」「あったかさ重視」「新しいブラを買うのは数年に一度」と、下着選びを軽視している人が一定数いるのも事実。

年齢を重ねてくると、ビジュアル、デザイン性より、機能性や価格のみを重視する傾向も強まりますが、男性の目は辛辣《しんらつ》です。

「サイズが合わないブラの背中のハミ肉は、オバサンぽさ全開」（27歳・商社）

「へそ上までの〝オバパン〟の人を口説くのはムリ」（33歳・銀行）

「一見かっこいいパンツスーツ姿だったのに、その太ももにガードルのラインが見えて超がっかり」（43歳・デザイン業）

ホステスのファッションは、ドレスやスーツ、着物が主流ですが、酔ったお客さまに不意にタッチされたり、シルクなどの透け感のある薄い生地を考慮し、ランジェリーへの気配りも怠りません。

上下ペアは当たり前、デカパンやガードルはご法度。ローライズのショーツですら、オジサマ世代の男性客には「色気ナシ」と不評なのです。

もちろん読者のみなさんが、「タッチされること前提」と考える必要はありませんが、不意のデートの誘いに備えて、普段から下着にこだわることをおススメします。

デスクワーク時の「健康サンダル女」

ヘア&メイクは抜かりなく、オフィスでのスーツ姿も決まっている。
それなのに、なぜか足元がスリッパや健康サンダルを履いている女性がいます。
これも、男性から見てもかなりがっかりするようです。

「たとえ若いコでも、それだけでオバサン感満載」（28歳・金融関係）
「自分の彼女には絶対に履いてほしくない」（31歳・SE）

色気からもっとも遠い位置にあるのが健康サンダルです。

足元はできるだけ、「きちんと感」のあるヒールを履きましょう。

たとえ3センチ程度のローヒールでも姿勢が正され、健康サンダルより立ち姿も美しく見られます。

レギンス&トレンカ愛用の「江頭女」

美脚に見えることに加え、保温などの機能性に富んでいるレギンスやトレンカは、女性にとって心強いアイテムのひとつです。

一時期、ミニスカートやチュニックに合わせるコーディネートとして流行りましたが、そのまま使い続けている人も多いと思います。

しかし、男性から見るとこれが不評です。

「江頭かよ！」（29歳・テレビ局勤務）

「肌の露出が減って、全然セクシーじゃない」（30歳・新聞記者）

「脚を見せたいのか、隠したいのかわからず意味不明」（32歳・金融関係）

「手抜きもいいとこ」（37歳・IT業）

まるで「お笑い芸人の江頭2：50さんを思わせるファッションだ！」と、レギンス＆トレンカへのブーイングが大多数でした。

女性が思ういいものと、男性が思うそれとは若干のズレがありますが、このふたつはその最たるものと言っても過言ではありません。

とにかくセクシーさに欠ける、というのが嫌われる最大の理由のようです。

少なくとも、出会いのパーティーやデートでは控えておきましょう。

第5章

言葉を装えないようでは、男性の気を惹けません

〜モテる女は
「言葉の使い方」を知っている

モテる女は声や話し方から装っています

ＣＡは機内アナウンスの訓練の一環として「美声で話すこと」を学びます。

私が連載している主婦の友社のサイトにも、次のような質問をいただいたことがあります。

「あの鈴の鳴るような甘いモテ声は、どうやって出しているのですか？」

お客さまの中には、飛行機に乗ることを不安に思う方が少なくありません。

だからこそ、心地よさ、安心感、信頼感を与える落ち着き、女性らしさ、そして聞き取りやすい発声をトレーニングされます。

美声は、周囲に好感を与えるとともに「美人度」も３割増すと言われます。

私たちの体は楽器で、声は音色。「美声は七難隠す」のです。

美声を出すためのコツは、次の4点です。

1・胸を張り姿勢を整える
2・肺にしっかりと空気を入れ、腹式呼吸を心がける
3・口角を上げる（声が高くなり、明るい印象になる）
4・滑舌をよくするために、舌や口まわりのストレッチをする

基本は姿勢をきちんとし、腹式呼吸を心がけること。正しい発声を意識すると、呼吸が深まり、腹筋も鍛えられるので、引き締め効果も抜群です。

「男の官能」は声で揺さぶられる

声を武器にしているのは、CAだけではありません。
私はクラブ時代、声で男性を落とす「声美女」を何人も目の当たりにしてきました。
よく通る柔らかな声、ちょっと低めの落ち着いた声、鈴の音のような声……。

持ち味や魅力は人それぞれですが、極端な話、「話す内容よりも、声音や話し方」で男性のハートに火をつけてしまうのです。

心地よい音色で奏でることで、男性の心を、ひいては「男の官能」を揺さぶります。

友人のボイストレーナーで『1分間声トレ』（ダイヤモンド社）の著者・秋竹朋子さんによると、モテ声は先ほどの4点に加え、次の2点をあげられました。

✓速度はゆっくり目

✓柔らかな鼻腔共鳴《びこうきょうめい》の声

鼻腔共鳴は、鼻先に指を当て「ン〜〜」と何段階かの音程でハミングしたときに、いちばん振動している音程が、あなたにピッタリの、人が聞き取りやすい高さになります。

相手に応じて話し方を変えれば美人度アップ

話し方にもコツがあります。

CAのように信頼感を得ることが必要な職種は「やや低めで、テンポはゆっくり」。

これは、会社で上の立場にいる女性にも応用できます。
また、夜のクラブでは「お客さまのテンションに合わせること」が重要です。
テンションが高めのお客さまには「やや早口で、高音」。
落ち着いた口調のお客さまには「低めでゆったり」。
相手との温度差をなくすことで、心地よさを倍増させるのです

「声」や「話し方」を意識したことがない方は、一度、スマホの録音機能などで、客観的に自分の声を聞いてみましょう。

聞き取りづらかったり、暗い印象だったりしたら、トーンや話すスピードを変える練習をしてみてくださいね。

モテ女は使っている「会話美人」4つのフレーズ
ストレートで甘美な言葉が男性の心には響く

婚活パーティーなど、短時間で初対面の相手と会話をしなければいけない状況では、会話力のスキルは必須と言えます。

しかし、みんながみんな、会話の達人ではありません。「うまく話せなくてつい黙っちゃう」「話題を探しているうちに時間が経過していった」という人も多いのではないでしょうか。

先ほど好感度が上がる会話のコツに「相手の名前を呼ぶ」「リアクションをしっかり」「フォローアップクエスチョンをする」の3点をお伝えしましたが、次の項目では、相手に好印象を抱いてもらえる「褒め方」をお伝えします。

1・他人が褒めないポイントを褒める

彼の「隠蔽《いんぺい》領域」を見つけましょう

人に対して褒める内容は4種類あります。

- **開放領域（自分も他人も気づいている）**
- **盲点領域（自分は気づかないが、他人は知っている）**
- **隠蔽領域（自分は知っているが、他人は気づかない）**
- **未知領域（自分も他人も気づかない）**

ここでは、未知領域以外の3種類について解説します。

いわゆるイケメンの男性は、たいてい容姿を褒められることに慣れています。「背が高いですね」「カッコイイですね」などの言葉は言われ慣れていて、あまりありがたみを感じないでしょう。これが「解放領域」です。

ですから、こんなときこそ「盲点領域」を褒めてみましょう。

「指が長くてキレイ（もしくは「指が長くてちょっとエッチ」）」
「声が素敵ってよく言われませんか？」
「仕事はてきぱきしているのに、ときどき抜けているのがホッとする」

いかがでしょうか？

私個人の意見ですが、イケメンさんは「イケメン扱いしない」のがいちばん。

普段から容姿を褒められているだけに、「カッコいいポジション」を崩せずにいる男性が意外と多い。あくまでも「対等」に接するほうが興味を持ってもらえます。

あの福山雅治さんも「カッコイイですね」と言われるより「いつも歌を聞いてます」と言われるほうが嬉しいそうですが、「あの歌に思い入れがあります」「あのフレーズに励まされました」などと具体的に気持ちを伝えるほうが、ずっと相手の心に響きます。

次は「隠蔽領域」を褒めてみましょう。

私はこの褒め方が、この中でもっとも効果的だと感じています。

人間は「自分だけしか知らない（であろう）自分の魅力を褒められると、嬉しいもの」です。


その部分をきちんと理解してあげると、評価が上がります。

先ほどイケメンを例にあげましたが、彼はこれまで何度も「カッコいい」と称賛されてきたでしょうし、人によっては「俺の価値ってルックスだけかよ」とウンザリしているはず。

そこで、イケメンであるがゆえの苦労を想像してみましょう。

- **おそらく、同性からの嫉妬なども経験しているでしょうから、メンタルの保ち方、人づき合いなどについても人知れずがんばったはず。**
- **イケメン（美女も）は、往々にして第一印象の評価が高く、あとは「減点法」になる場合が多いので、内面を充実させるために、そうとうな苦労や努力をしているはず。**
- **有名人でも些細《ささい》なことで「劣化した」と揶揄《やゆ》される昨今、自己管理能力や美意識も高く持っているはず。**

あまり同情的になってはいけませんが、これらの部分に触れてみる手もあります。

俳優の谷原章介さんは、あるテレビ番組で、学生時代に女子にモテすぎて、男友だちから冷やかされた経験があるので、「わざと女子を無視して話さない時期があった」と真面目に話されていました。

また、ジュノン・スーパーボーイ・グランプリ出身の俳優さんとお話しした際、彼は「僕は『カッコいいお兄さん』という位置づけなので、人一倍努力して、安定した演技派俳優を目指さなくてはならない」と苦労を吐露してくれました。


目に見えていることの一歩先を想像して褒めてあげれば、相手の心に刺さります。


たとえば、お金持ちの方には、単に「リッチですね」「羨ましい」というのではなく「資産管理をしっかりされている」「相続などの法律にも詳しい」「金持ちには人が寄ってくるので、つき合うべき人の見極めや苦労もある」などという点です。

読書が趣味の方なら「集中力」「時間管理能力」「知的好奇心の高さ」など、体育会系出身者には「上下関係を重んじている律儀さ」「チームワークの大切さを学んでいる点」「理不尽にも耐えている忍耐力」などを褒めると、ほかの人と差をつけられます。

それぞれ人の特徴に合わせて、褒める内容を変えることが基本です。

いかにもわかりやすいブランドものを持っている方は、リッチさや限定品を褒められたい、注目されたいという気持ちがあるので大チャンス(笑)。

「わあこれ、〇〇の新作ですね、いいな〜」「この時計は、世界で300個限定品と聞きました。選ばれた方しか身に着けられないですよ」など。

もちろん、褒めたことで相手から何かリアクションや言葉が返ってきたら、そこで会話を切らずに広げていきましょう。

あくまで「褒めること」は会話のスタート地点。

それも、とても印象のよいスタート地点となるのです。

2・「あなたに頼んでよかった」
男性は尊敬されるのが大好き

会話が進んで、少し親しくなったときにおススメなのが「尊敬」を交えることです。

「褒める」からひとつ先の関係に進みましょう。

男性は女性に尊敬されることに喜びを感じます。

「頼りがいがある」「知識が豊富」「咄嗟《とっさ》のときにも、動じず冷静に対処できる」というような、尊敬の念を持たれることのほうが嬉しいのです。

また、女性同士は、仕事でもプライベートでもお互いを褒め合ったりしますが、男性同士で褒め合うことはそれほどありません。

ですから、尊敬を含めて褒められることは、プライドを満たされたり、存在意義を認めてもらえたり、確認できるという意味でとても嬉しいことなのです。

「あなたに頼んでよかった」
「あなたに任せておくと本当に安心だわ」
「そんなこと知ってるなんてさすがね」
「＊＊ができるなんて、とても尊敬します！」

このように、相手をすごいと思っている、頼りにしているという内容を含めると、男性はシンプルに喜んでくれます。

もちろん言い方も重要なので、心からの言葉と口調で伝えてくださいね。

これらの言葉は、彼氏や旦那さまだけでなく、同僚や上司の男性などにも有効です。

尊敬や敬愛のニュアンスが伝わると、男女問わずパワーがみなぎり、さらにエネルギッシュに行動できるものです。

惜しまずに、尊敬を含めて褒め言葉をかけてあげてください。

3・「あなたと一緒に楽しみたいな」

相手と同じ時間を共有したい点を強調する

デートスポットを検討しているとき、大人の女性は無邪気に「＊＊＊に行きたい」とは言いにくい、という声を聞きます。

若いころは「ディズニーランドに行きた～い」とダイレクトに言えたけれど、いまそれを言うのはちょっと……と躊躇《ちゅうちょ》してしまう気持ちもわかります。

男性の性格によっては、新たなスポットや話題の場所にすぐ行きたい、という気持ちにはなりにくいもの。

そんなときは、まず何かひとつ行くきっかけを入れましょう。

「話題のアトラクションができてるっていうから、行ってみたいな」
「このビルに日本初上陸のブランドショップが入ったから、見に行きたいわ」

もうひとつのポイントは「あなたと一緒に行きたい」という点と、彼にもお得感がある」ということを強調することです。

「コレ、いますごく話題なんだって。あなたと一緒に楽しみたいな」
「話題のメニューがあるらしいの。会社の接待にも役立つんじゃない？」
「ここのスイーツ知ってると、女性社員に自慢できると思う」

男性は仕事関係に役立つかもというメリットも感じると、「それならちょっと行ってみようか」という気分になりやすいはず。

あなたと一緒に楽しい時間を共有したい気持ちと、お得感を全面に出すと、彼も「楽しもう」と前向きな気持ちになれるでしょう。

ちょっとした言い回しの工夫で、行きたい場所にスムーズに誘えるので、ぜひ試してみてくださいね。

4・「これお願いしてもいいかしら？」
スムーズにお願いできる語尾の「？」

仕事でもプライベートでも、言い方ひとつでもめごとが起きたり、ケンカになってしまったりすること、ありますね。

同じ内容を伝えるにも、その「伝え方」によって、受け手の印象はさまざまです。威圧的な物言いは、反感を買うどころか、こちらの要求そのものが通らない場合も考えられます。

CAの訓練時代には「好印象な言い方」について徹底的に教育されましたが、そこで教わったのが、お願いごと、依頼ごとがスムーズに進む「魔法の伝え方」です。

その秘密は、語尾に必ず「？（ハテナ）」をつけて、疑問形にすること。

簡単すぎて驚かれたでしょうか？

でもそれだけで、お願いしたいことが驚くほどスムーズに伝わるようになります。

たとえば、ＣＡがお客さまに「お願いする」「依頼する」タイミングは多くあります。

「お飲み物をお持ちいたしましたので、テーブルをご使用ください」

「間もなく離陸いたしますので、膝の上のお手荷物を前の座席の下にお入れください」

「間もなく着陸いたしますので、ご使用中のリクライニングをお戻しください」

これらの言い回しは間違ってはいませんが、じつはもっと丁寧で適切な伝え方があるのです。

「お飲み物をお持ちいたしましたので、お手数ですがテーブルをご使用いただけますか？」

「間もなく離陸いたしますので、恐れ入りますが、膝の上のお手荷物を前の座席の下にお入れいただけますか？」

「おくつろぎのところ申し訳ありません。間もなく着陸いたしますので、ご使用中のリクライニングを元の位置にお戻しいただけますか？」

最初の「〇〇してください」という言い方より、語尾を疑問形にすることと、「お手数ですが」「恐れ入りますが」などの言葉を足すだけで、相手に寄り添った雰囲気が出て、グッと柔らかな印象になったと思いませんか？

もちろん、この疑問形は、接客する場合だけではなく、さまざまな場面に応用ができます。

たとえば、オフィスでは「13時までに資料を提出してください」と言うよりも、「お忙しいところお手数ですが、13時までに資料をご提出いただけますか？」と言うほうが、女性らしい丁寧さが感じられます。

さらに、恋人や旦那さまが相手の場合でも有効です。

「私、いま忙しいんだから、それくらいやってよ」や「帰ったら、食器洗いお願いね」などのような言い方をしたら、険悪な空気になるのは必然ですね。

「本当に悪いんだけど、今日とても忙しくてできないから、これお願いしてもいいかしら？」

このように、疑問形にすることと、本題の前に「申し訳ないのだけれど」というような枕ことばを足すことで、スムーズにお願いごとが伝わるのです。

もちろん、言い方や声も「かわいらしく」を心がけましょう。

つっけんどんであったり、高飛車な言い方では、いくら疑問形にしていてもいい印象にはなりません。

あくまでも「女性らしい」「丁寧で柔和に」を心がけるだけで、あなたの依頼や要求が通る確率はグッと上がるのです。

お願いごと、頼みごとがあるときには、語尾は疑問形。

ぜひ使ってみてください。

デキる男性ほどチェックしているポイント モテる女は相手の「時間」に気を配る

男性と会話する場合、注意したいのが「時間への配慮」です。

とくに、仕事が順調で、高収入の男性とおつき合いしたい女性がまず心がけたいのは、「時間泥棒」にならないことです。

できる男性ほど「時間が有限であること」を念頭に置いているので、時間の大切さや集中力のパワーを理解し、それを邪魔する人間を嫌う傾向があります。

男性はもともと、効率性や合理性を求める傾向が強いですが、なかでも彼らは時間管理能力に長け、意思決定が早く、まさに「タイム・イズ・マネー」の生活なのです。

となると、おのずとそれに合わせた対応ができる女性が求められます。

モテる女は「時間泥棒」にならない

彼らが「意味がない」と感じる時間のかけ方をしている女性は、時間泥棒の烙印《らくいん》を押され、「大切にしたい人」「時間を空けてでも会いたい人」にはなりません。

次の点に気を配りましょう。

- 遅刻、ドタキャンをしない
- 公私問わず、オファーや誘いへの返答は迅速にする
- 結論の出ない話を延々としない
- 食事やお酒の席で、愚痴やゴシップネタは封印する
- 長文メールは避ける

まず、優柔不断は禁物なので、メールの返信はできるだけ早く。

私の場合、もしお待たせするようなら、「遅くとも○月×日の午前中まではお返事します」と期日を伝えるようにしています。

デートの際には、待ち合わせ場所にも必ず早めに到着するようにしましょう。

デートや食事中の会話でのNG事項とは？

「食事は何がいい？」と聞かれたら、「お任せするわ」「なんでもいい」と返答するのはやめましょう。

「イタリアンかエスニックはどう？」「日本酒の種類が豊富な店だと嬉しい」「野菜をいっぱい食べたいな」など、ざっくりとでもいいので自分の意思を伝えると、男性が即決できるので喜ばれます。

彼が決めやすい状況をつくりましょう。

あるいは「新しい〇〇ってレストランが話題だから行ってみない？」など、具体的な提案をしてみるのもOKです。

その際「新しい」「話題」「ビジネスで使える」など、彼の仕事にもメリットとなりそうなフレーズを入れることをおススメします。

デートや食事中の会話では「愚痴」「噂話」に加えて「結論の出ない話」もNG。

彼が「それおもしろいね、もっと聞かせて?」とメモを取りたくなるような話題やアイデアを提供できれば、あなたと会う時間はより価値があるものになります。

そのためには、あなたも彼の趣味や好みを把握し、日ごろからさまざまな話題や情報に触れることが必要です。

彼らにとって「この女性といると有意義だ」「有益だ」と感じさせることが、好かれる極意なのです。

意中の男性から「最後に選ばれる」ための3条件

男性は「自由、味方、家庭的感覚」を求めている

男性と楽しくおつき合いするだけではなく、「その男性と確実に結婚したい！」という女性であれば、男性がどのようなことを望み、何が決め手になるのかを知らなければなりません。

彼女にはなれたけれど、「ずっと同じ雰囲気のままで、ふたりの関係が進展しない」「いつになっても彼が結婚をにおわせてくれない」のなら、彼の望みを満たしていないという可能性があります。

クラブママ時代、私は数えきれないほど男性客のホンネを聞いてきました。

その経験から、男性が思い描く「最後に選びたい女性」の条件をご紹介します。

1・自由を奪わない女性

男性が結婚に踏みきれない理由は、大きく分けてふたつあります。

ひとつは「家族を養っていけるのかという経済的不安」です。

これは当然の不安ですね。いまや共働きは当たり前で、男性ひとりが家計を担うという構図は減ってきています。それでも男性としては、妻や子どもを養っていける収入なのかどうか、という点が大きな不安となるのは想像できます。

もうひとつは「いまある自由を奪われないかという精神的不安」です。

こちらは「休日は好きなことをしたい」「四六時中、彼女と一緒というのは疲れる」「自宅でも仕事をするので、自分の部屋を持ち、邪魔されたくない」など、とにかく自由を奪われたくない、という気持ちが強い人です。

その人の性格にもよりますが、ある程度の年齢まで独身で気ままに過ごしてきた男性には、わりと多く見られる傾向です。

つまり、この大きなふたつの不安を「大丈夫だ」と思わせてくれる女性。それが結婚したい女性になるのです。

では、どうやってその不安を取り除けばよいのでしょう。
まず、普段から経済面や精神面での自立をアピールすることです。

「結婚後もそれぞれの時間を大事にしようね」
「こう見えて意外に地道に貯金しているのよ」
「結婚しても仕事は続けたいな」
「趣味の＊＊はずっとやっていきたいの」
「結婚しても、ひとりで出かけるときがあってもいいよね」
「私は旦那さんに〝お小づかい制度〟は取らないようにしたいな」

つまり、経済面をひとりに担わせる気はない気持ちや、自分の趣味や習いごと、友人との時間を大切にしていること、「だからあなたの自由も尊重する」という理想の形を、折につけ伝えていくのです。

CAには、機内サービスのときに「寝ているお客さまは決して起こさない」というルールがあります。多忙なお客さまに対して、航空会社のペースに合わせてもらうことはさせず、くつろぎの空間と時間を提供します。

恋愛も同じこと。**あなた自身が「彼の自由を邪魔しない、癒やしの場」**であることを基本姿勢にするのが大切なのです。

2・100%味方だと、安心感を与えてくれる女性

自信家に見える男性でも、年齢を重ねるにつれ、さまざまな不安にかられます。会社での出世やポジション、経済面、健康面、男性としての機能など、じつはさまざまなストレスにさらされているのです。**女性と身体のつくりは違いますが、男性にも更年期があることも、最近の研究では明らかになっています。**

アメリカには「ミッドライフ・クライシス（中年の危機）」という言葉もありますが、男性も年齢を重ねるにつれて、自信をなくし、不安にかられているのです。

そのようなとき、こんなことを言ってくれる女性がいたら、どう感じるでしょうか。

「あなたなら大丈夫」
「私はずっと味方だから」
「100%信頼してるから」
「あなたの決めたことなら心から応援するし、ついていくよ」

ここまで絶対的な信頼を寄せ、安心感を与えてくれる女性を、男性は手放さないものです。

また、どんなことが起こっても動じず、自分と一緒にいてくれると思える女性も同様です。

CAは、緊急時のトレーニングを繰り返し、冷静な精神と適確な決断力を養っていきます。何か事故が起きた際、パニックになったお客さまを励まし、笑顔で安心させるのも重要な任務のひとつです。

これは、恋愛にも応用できます。

何か問題が起こっても冷静さを失わず、解決に向けて建設的な提案をしたり、一緒に

考えたりする姿勢を見せる
- **落ちこんでいる相手を笑顔で励まし、勇気づけてあげる**
- **つねに相手の心強い味方でいることを、言葉と行動で示す**

一見、強く見える男性も、ひと皮むけば繊細な心の持ち主であるというケースが珍しくありません。

安心感と自信をつけてくれる女性を求めているものです。

有事の際に味方でいてくれる女性。

動じない女性。

そんな味方が、ずっとそばにいてほしいと思うようになっていきます。

3・家庭的感覚を持つ女性

どんなに容姿に恵まれていても、こと「結婚」となると、生活習慣がだらしない女性は敬遠されます。

古風と言われようと、男性には「きちんとした妻」「家族や会社仲間に自信を持って紹介できる妻」が理想なのです。

次の3点は、ほとんどの男性がチェックしているポイントです。

最低限の家事能力を備えているか
金銭感覚は常識的か
挨拶、礼儀、モラル、マナーがあるか

家事に関しては、すべてがパーフェクトでなければならない、ということではありません。

いまの時代、家事はふたりで相談し、分担していけばいいと思います。

ただ、何ひとつできないようでは、男性が「この女性と一緒に生活したら……」と想像してNGを出す可能性は十分にあります。

とくに、ずっと実家暮らしをしてきた女性なら、家事は母親任せで、ほとんど自分ではやったことがないというケースも少なくありません。

そのような場合、最低限の家事を自分でできるように訓練することが必要ですね。

金銭感覚についても同様です。

実家暮らしをしてきた女性なら、ひとり暮らしをしていた同世代の女性より自由になるお金が多く、自分の趣味や旅行などに制限なく使うことができます。

欲望のままに高価なブランドものを購入したり、グルメや遊びに浪費していることが彼にわかれば、「結婚してもその金銭感覚のままじゃなあ……」と思われてしまうかもしれません。

誤解されないように、堅実な金銭感覚を持っていることを彼に伝えましょう。

さらに、男性は社会性の高い生き物なので、会社の仲間や上司、親戚や家族、ご近所づきあいも、そつなくこなせるコミュニケーション能力も重要視されます。

挨拶、礼儀、モラル、マナーなど、自分は本当にきちんとできているのか、いまいちど見つめ直してみましょう。

第6章

男性が夢中になる“セックスの正解”を教えます

～「誰にも相談できなかった」
悩みに答えましょう

「大人の女なら」カマトト&トドになってはいけません

婚活を通して、出会いの場で、運よく好みの男性と出会い、おつき合いがスタートしました。

すると、遅かれ早かれ、「初めてベッドをともにする」というシチュエーションが出てくると思います。

その際「大人の女性として、どのような振る舞いがふさわしいのかがわからない」と悩まれる方、意外に多いのです。

若いころなら「何も知らないウブな女性」でも構わないと思いますが、大人の世代で「何も知らないの……」という態度や、なにをされても無反応という状態では、あまり喜ばれないと感じます。

とはいえ「ものすごく経験値が高いわけでもないし」という方も多いでしょう。

そんな場合は、どうすればいいのでしょうか。

また「親しい友人はみんな結婚や出産していて、学生時代のように性についての話をあけすけにしたり、相談できるような相手がいない」「どこに相談すればいいのかわからない」という人も少なくありません。

そこで、このラストの章では、現在は官能小説家として多くの小説やコラムを執筆し、通常の女性よりは頻繁に性やセックスについて考察している私が、普段なかなか人には聞けないセックスについての悩みにお答えしていきます。

相談内容は、私の周囲の女性や一般の女性たちから集めました。

セックスは、ふたりのあいだでおこなう重要なコミュニケーションのひとつです。

男性が女性を好きになる理由は、もちろんセックスだけではありませんが、ふたりで快楽を分かち合い、愛を確認し合う尊《とうと》い行為は、決しておろそかにはできません。

大人の女性としてのセックスのたしなみ、ぜひ覚えてくださいね。

Q：泊まってもいいと思っていても、自分からうまく誘えません（42歳・商社勤務）

まだお泊まりの経験がないということは、つき合って日が浅いカップル、もしくは友達以上恋人未満の関係なのでしょうか。

仮に、これから始まる関係では、積極的に自分から誘うことにためらいがある気持ちもわかります。

彼氏さんはどのようなタイプなのでしょうか？

リードしてくれるタイプなら、流れに任せておいてもいいと思いますが、そうでない場合は「一晩一緒に過ごしましょう」と伝えるのって、意外に難しいですよね。

自然なのは「ちょっと触れて反応を見る」ことです。

お食事したあと、一緒に歩いているときに、そっと手を触れたり、あなたのほうから軽く腕を組んでみる。

ほろ酔いのフリをして、ハイヒールでよろけてつかまってみる。

タクシーの中でちょっと肩にもたれてみる……。

そこで、彼が驚いたり引いたりするようなことがなければ、おそらく彼のほうから「泊まらない？」「ホテルに行こうか？」「うちに来る？」など、何かしらのリアクションが返ってくると思います。

そこで引かれてしまったり、あるいは冗談にされてしまったような場合は、残念ですが、彼はあなたにそこまで気持ちがないと思います。

自分から誘うのは多少のリスクも伴うけれど、少しのアクションでも構いません。アクションを起こさないと、そもそも進展しないのです。

言葉でハッキリと伝えなくてもいいので、まずは触れてみてください。

A：ちょっと触れて反応を見ましょう

Q：若いころほど体に自信がないので、明るい状態でセックスしたくありません（45歳・美容師）

これは、そんなに深刻に悩まなくても大丈夫。

「明るいのは恥ずかしい」「私、暗いほうがいいな」といった感じで、かわいく伝えればOKです。

たしかに20代のころとボディラインは変わっているかもしれませんが、男性の好みはさまざまで、その「女性の恥じらい」が男心をときめかせることも多々あるのです。

自分のボディを卑下《ひげ》せず、彼との甘いひとときを楽しむことに集中しましょう。

A：かわいく「暗くして」とリクエストを

Q：気づけば無地のベージュやノンワイヤーの下着ばかり。やはりランジェリーにこだわっていないとダメでしょうか？（48歳・販売）

意外に悩むのがランジェリーです。

現在は色・デザイン・素材も豊富ですし、胸をきれいに見せるなど「ボディメイク」に優れたものもあります。

下着をまとった姿が、男性に「より魅力的に映る」ことを考えれば、あれこれ考えてしまいますよね。

私自身、女性向けのコラムを書いているため、男性に何度もリサーチしたのですが、本当に好みが分かれます。

「赤や黒、紫などの強めの色で、セクシー系が好き」という人もいれば「涼し気な寒色系のものが好き」「淡い色がいい」という人もいます。

「普段は地味なスーツの女性がTバックだったら、ギャップ萌えする」との声もあれば

「Tバックは男慣れしてそうで苦手。フルバックがいい」という意見も。

その他「紐《ひも》パンやスケスケのランジェリーに興奮する」「スケスケは経験値が高そうだから、人妻ならアリかも」「セクシーすぎるものは、遊びの子にはいいけれど、本命には着てほしくない」「サテンなど、光沢があってツルツルした素材が好き」「総レースのザラリとした感触と、すべすべの肌とのコントラストにたかぶる」「ガーターベルトもいいな」「ベージュはオバサン臭くてテンションが下がる」など、さまざまな声が寄せられました。

共通するのは「清潔感があるもの（決して「清楚系」という意味ではありません）」「古くなってよれよれのモノはNG」「上下はそろえてほしい」という点です。


せっかくふたりで甘い時間を過ごすのですから、「自分のために素敵なランジェリーを選んでくれた、という気づかいが嬉しい」との声が多かったです。

そして、ワイヤーや下着の跡が残りすぎると「痛そう」「ちょっと冷める」なども声もあがりました。男性は意外に見ているんですね。

長々と話してしまいましたが、ご質問にお答えすると、初めてのときは「ベージュ」

は避けたほうがいいでしょう。白い服にも透けないという利点がありますが、男性の目には「所帯じみて、おばさん臭い」イメージが強いようです。

ノンワイヤーに関しては、さほど気にしなくてもいいと思います。

「ワイヤーの跡」問題が出たので、自分が居心地よくいられるものを選ぶのがいちばん。最近はノンワイヤーでもオシャレなデザインのものが増えていますものね。

「下着にも、きちんとこだわっている」姿勢が伝われば、大丈夫。

男性は下着よりも、あなた自身を愛したいのですから。

もし可能なら、彼に訊いてもいいですね。

「友人が、キャラクターものの下着をつけて、彼氏にドン引きされたって嘆いてたんだけど、やっぱり男性ってそうなの？　○○さんは、どんな感じの下着が好き？」など、あくまでも軽い感じで訊いてみてはいかがでしょうか。

A：ランジェリーの好みはさまざまですが、新しく清潔感あるものがベスト。初期の段階で「ベージュ」は避けて。さりげなく彼にリサーチするのもアリ。

Q：結婚3年目にしてセックスレス。というか、夫がED気味なんです（43歳・金融業）

セックスレスは、日本の夫婦の大きな悩みのひとつです。

結婚すると、どうしても「男と女」でなく「家族」になってしまい、セックスの回数が徐々に減り、しまいには「レス」になると、至るところで耳にします。

男性がＥＤの場合、女性が世話を焼きすぎるのも一因、ということもあるようです。

女性が母親の役割になってしまうと、セックスする相手としてとらえられなくなってしまうのでしょう。

そのような場合、奥さんが家事をいっさいやめて、面倒をみるのをいったんやめてみる、という方法をとるといいそうです。

また、毎日一緒に寝起きしている自宅の寝室ではなく、場所を変えてみるのもひとつの案です。

旅行に行くなど「違う環境に身を置く」のもいいですし、あるいは、セクシーな気分を盛り上げるために、ラブホテルを利用してみるという手もあります。

さらに別の案として、マンネリ化してしまっているご夫婦の場合は、AVをふたりで見るというのはいかがでしょう。

リアルに他人がいるわけではないので、わりとトライしやすいでしょう。

ほかにも、大人のおもちゃを、「ビンゴで当たっちゃって」などと言って持ちこんでみるのも一案です。

「せっかくだから一度試してみない？」と誘うきっかけにもなると思います。

いつもと違った新鮮な環境に身を置き、ラブグッズやAV観賞で工夫することをおススメします。

A：環境を変えてみましょう。AVも刺激剤のひとつになります。

Q：彼が最後までイケないことが多い。「私がよくないのかな」とか考えたり、不満が残ったりしてしまいます（47歳・派遣）

ときには彼が勃たなかったり、途中で萎えてしまったりということもありますね。そんなときは、同情したり、ましてや責めたりするのは絶対にNG。そんな女性のひと言によって、あっという間にEDになってしまう可能性は大きいからです。

ベタですが「今日は疲れてるんだね」といたわってあげてください。

男性が勃起するメカニズムはかなりデリケートで、精神面によって大きく左右されてしまいます。仕事が忙しすぎたり、ストレスを溜めこんでいたり、あるいは「彼女を気持ちよくさせなきゃ」というプレッシャーが大きすぎると、うまくいかなくなってしまうことも普通にあります。

女性側も、彼が最後までイクのが完璧なセックスと思いこみすぎないようにしましょう。そうではない日もあると思っていたほうが、お互いがハッピーです。

最後までイカなかったけれど、存分にスキンシップする日と考えてみましょう。

また、似たような悩みで「彼がヘタなんですが、うまく伝えられません（37歳・医療事務）」というのがありましたが、これは絶対に言ってはいけません。

もし「ヘタ」と言おうものなら、あっという間に彼はしぼみ、その後にも響いてしまうでしょう。繰り返しますが、男性の勃起のメカニズムはとてもデリケートです。

「ヘタ」は禁句です。

「ここが感じるの」「あ、いまの角度、すごくいい」と、かわいく伝えてください。

自分の手で誘導してあげるとか、女性側が工夫できることもあります。

セックスがうまくいかない原因が男性だけにあるとは限らないので、思いやりを持って、彼との甘い時間を共有しましょう。

A：うまくいかないときも普通にある。思いやりを忘れないで。

Q：最近、自分の膣がゆるいんじゃないかと不安です（48歳・事務）

「ゆるいんじゃないか」というお悩みは、40代以上の女性に多く聞かれます。出産後、旦那さまに「ゆるい」と心ないことを言われたのがきっかけで悩んでしまう女性も少なくありません。

女性にとっては、たいへん傷つくひと言ですよね。

ただ、打つ手がゼロ、というわけではありません。

最近は、さまざまな種類の膣トレグッズがありますし、骨盤底筋群を鍛える体操もネットで簡単に検索できます。私は友人のヨガ講師のすすめで、排尿時に「オシッコを出す・止める」を10回繰り返して筋肉を鍛えていますよ。

さらに上を行けば、膣のプチ整形というような、レーザー照射で粘膜を活性化し、コラーゲンを新たに生成することで締まりをよくする施術があります（「モナリザタッチ」

という名称が代表的なものです）。

これは、膣の締まりをよくするだけではなく、加齢と女性ホルモン分泌の低下によって起こる「尿漏れ」「乾燥」「匂い」「性交痛」などの改善にもつながるそうです。

「興味がある」「いまの彼氏が20代で若いので、彼のために受けたい」などという女性が、私の周囲にもいます。

専門のクリニックに相談してみるのもいいでしょう。

ひとりで悩み続けずに、改善策を実行してみてくださいね。

A：落ちこまないで。レーザー施術や膣トレなどできることもあります。

Q：彼が年下なのですが、初回にあまり自分から積極的に動いたりテクを出したり、声を出すと引かれちゃうのでしょうか？（49歳・事務）

男性がリードしたいタイプか、リードされたいタイプかによって、この答えは違ってきます。ランジェリー選びと同じように、まずお酒の席などで彼がSッ気が強いか、Mッ気が強いのかをリサーチしてみましょう。

私はクラブママ時代、「いらっしゃいませ」とお客さまの膝や体に触れたときに「おう」と腰を抱いてきたりする方は、リードしたいSタイプ。ちょっと照れてしまうお客さまは、リードされたいMタイプというような軽い判定をしていました。

また、お酒の席であれば、「○○さんはSかな？　じつはMだったりして？」などのようにSMの話を軽く振ってみるというのもアリだと思います。

「僕はリードされるほうがいいな」なんて嗜好《しこう》を教えてくれるかもしれません。

なかにはSに見えて、実際は「女性が積極的なほうがいい」という方もいるので、そこは彼の動きや反応を見ながら対応してください。

もちろん、そういう話題に引いてしまう方かどうかを見極めて、下品な表現にならないように注意して話題にしてくださいね。


あなたが経験豊富でハイテクニックの持ち主だとしても、初回では積極的にならずに、回数を重ねる中で技術を小出しにしていくほうがいいと思います。

また、あえぎ声は、恥じらいが感じられるほうが盛り上がると思うので、多少は演じてみるのもアリです。

大人の男女がおつき合いをスタートして、初めてセックスするときは、お互いにどうしても「過去にこんなセックスをしてきたのかな」という憶測が浮かんでしまいます。

女性は、初回で経験やテクニック全部を披露するのではなく、少しずつ見せていくほうがよいと思います。

A：軽くSM判定をしてみてください。声は「つい出てしまった」というのがおススメ。

Q：じつは処女なんですが、最近つき合い始めた人がいて……。言わないほうがいいですよね？（40歳・SE）

男性経験がないまま、アラフォーを迎えてしまったということですね。そういう方もいらっしゃるので、恥ずかしいことではありません。

とはいえ、おつき合いをスタートした彼がいて、もうすぐ彼と朝まで過ごすかもしれない……というときに、自分が処女だということを伝えたほうがいいかどうか。

たしかに、デリケートな問題だと思います。

結論から言うと、この方の場合は、ダイレクトに「処女なんです」とは伝えないほうがいいかもしれません。

未経験が悪いわけではありませんが、相手の男性のことを考えてみましょう。

相手も、ある程度は大人の年齢だと思います。

そこに女性が処女だという事実が加わると、男性は出だしの時点で、思いもよらずかなり責任の重さを感じられてしまい、プレッシャーになると思います。

ここは「じつはしばらくそういうことをしていなくて、うまくできないかもしれないの」と、セカンドヴァージンのような振りをしてはいかがでしょうか。

実際、何年もセックスしていないと、女性の膣は硬くなります。

「私、そんなにたくさん男性とおつき合いをしていなくて、セックスも本当に久しぶりで……」という設定にすると、男性の方もいたわってくれるでしょう。

お互いに気持ちがラクに進められるのでは、と思います。

また、いま現在おつき合いしている人はいなくても、処女であることに悩んでいる方もいると思います。

もし信頼できる独身男性の方が身近にいれば、ご相談してみるというのもひとつの手です。

知り合いの編集者から聞いた話ですが、職場の先輩に『処女を捨てたいから協力してほしい』と言われて、了承した友だちがいるそうです。

彼はそのことを、同じ職場の人にはいっさい言っていないので、こういう方がいれば安心ですね。

そして、真剣におつき合いする相手ができて、セックスまで進むようだったら、前述の方と同じように、セカンドヴァージンの振りをして、あまり慣れていなくても不自然ではない設定にしてはいかがでしょうか。

もちろん相手の男性が、どんなことを知っても動じない、信頼できる相手だと思えれば、事実を伝えてもよいと思います。

ですが、「20代半ばで処女」という場合と「アラフォーで処女」では、やはり意味合いが少し違います。

セカンドヴァージンをよそおうことは、スムーズに進行させるための方便と思ってみてください。

A：そのままは伝えず、セカンドヴァージンの体にしては？

Q：挿入時にとにかく痛みが強く、全然楽しめません……（38歳・ネイリスト）

つねに挿入が耐えられないほど痛い場合は、膣の奥行が浅い「お皿」というつくりの可能性があります。病気ではありませんが、自分では正確にはわからないと思いますので、専門の科を備えている病院を探し、相談してみてはいかがでしょうか。

また、長期間セックスをしていないセカンドヴァージンの状態の膣は、硬くなっていることがあります。そうなると、いきなりは男性器を受け入れられず、かなり痛さを感じるそうです。彼に挿入前の前戯を長くしてもらったり、1回で全部を無理しておこなわないなど、工夫して調整してみてください。

A：膣がそういうつくりなのかも。専門医に相談してみましょう

Q：いままで、セックスでイケたことがほとんどありません。イクという感覚もわかりません（37歳・営業）

セックスでイケない、イキにくいというお悩み、多いですね。

これは、身体的な問題でなく、じつは心理的な問題が原因の場合がほとんどです。

とくにセックスを「悪」と感じている人は、イキにくいと言われます。

なぜ「悪」と感じるようになるのかというと、幼少期に大きな原因があります。

そういう方は、親御さんがセックスや性に関することをきちんと伝えずに、ただ厳しく「恥ずかしいこと」「口に出してはいけないこと」というように禁じていたという場合が多いのです。

まさに、私がそうでした。私は、セックスで我を忘れて乱れることに拒否反応を起こしてしまうのです。オナニー（クリトリス）ではイケるのですが、セックスで膣（Gスポット）イキができず、悩んでいました。

この悩みを、人気AV男優の森林原人さんに、東スポ紙の対談で打ち明けた際「ご両親、厳しかった？」と、真っ先に訊かれたんです。

両親はともに小学校教員で、性に対してたいへん厳しかったことを告げると、「プレッシャーに感じず、頭を空っぽにしてセックスに挑んでほしい」とアドバイスをいただきました。

日本の性教育は遅れていて、当たらず触らずにあいまいにごまかし、きちんとした知識を与えないわりに、子どもが性に興味を持ったり、性的な言葉を口にすると、怒るというパターンが多いと思います。

それが自分を抑えつけ、なかなかイケないことにつながっているのです。

「セックスは悪いものじゃない」「解放していいんだよ」というふうに意識が変われば、心身がリラックスしてイキやすくなると思います。

ひとりで「意識を変えよう」と思ってみても、なかなかうまくできないと思うので、一度、専門医やカウンセラーなどの力を借りてみるとよいと思います。

また、私のようにクリトリスでイケても、膣（Gスポット）でイケない女性はかなりいるとのこと。

そのような場合、セックス時には脚を閉じてクリトリスに圧をかけ、「寝バック」「側位バック」の体位を取ると、クリトリスの延長であるGスポットを刺激するので効果的だそうです。

最近はAV男優さんのセックスカウンセリングなどもあるので、専門医と併せて相談してみるのもいいかもしれません。

A：心理的な問題が原因のことも多い。専門のカウンセリングなどを受けてみるのもおススメ。

おわりに

最後までお読みいただき、ありがとうございました。

「男性向けの官能小説」執筆がメインの私にとって、女性に向けた恋愛本を刊行することは、長年の夢のひとつでした。

その夢が14冊目でかなえられ、ただただ感謝のひと言に尽きます。

本書はCA時代、モデル時代、クラブママ時代の経験で得たモテテク、トーク術、処世術、印象トレーニングを主として、官能作家の立場からも、性に対するお悩み相談を綴《つづ》りました。冒頭でもお伝えしたように、みなさんが「これならできそう」と納得できた部分だけ実践してくださいね。

みなさんの人生を、少しでも豊かにするお手伝いができれば、とても光栄です。

大人の女性が目指すキレイは、まず「健康的」であること。そして、情報に踊らされず、何が必要で何が不要なのかをハッキリさせることが非常に重要です。

私の場合、自分を飾る宝石や高級ブランド品、ドレスにお金をかける時代は卒業しました。いまは、しなやかな筋肉のついたスリムなボディと健康的な肌や髪を維持すること、添加物や加工品で汚染されていないナチュラルな食事を摂《と》ること、知識や学びをくれる書物や経験、ともに切磋琢磨《せっさたくま》できる知人友人・家族との時間に重きを置いています。

もちろん、過度なストレスは大敵。自分自身の成長につながる「ポジティブ・ストレス」以外は、なるべく排除することも心がけています。

日々、美しくありたいと思うなら、環境を整えることは大切です。

夢を阻害する人を「ドリームキラー」と呼びますが、みなさんが変わろうと努力する姿を見て、バカにしたり足を引っ張るドリームキラーとは、すぐに縁を切りましょう。

小さくとも、ネガティブなストレスが積み重なれば、みなさんの心と体と脳（思考）を傷つけ、暴飲暴食に走らせ、寿命を縮めます。

心理的安全な日常は、基本中の基本です。

そして、文中でもお伝えしたように「コンプレックスは成長の原石」であることを忘れずにいてください。コンプレックスがあるからこそ、克服しようと人は努力します。

他人の痛みに寄り添い、優しいいたわりの心を持つことができます。

何よりも、おごり高ぶらず、謙虚な人間でいられます。

日々、ささやかな成功体験を積み、自己肯定感を高めていきましょう。

毎日「今日もがんばった、私えらい！」と、自分を褒めてあげましょう。

いまを懸命に生きる全女性が、その年齢なりの美しさを誇り、ハッピーな毎日を送ることを願ってやみません。

本書を書くにあたり、一切の妥協を許さぬ姿勢で取り組んでくださった編集者・丑久保和哉さん、休日返上で編集をきめ細かにお手伝いくださった斎藤真知子さんに、深く御礼申し上げます。

この本が、みなさんの人生を少しでも豊かにする一冊となりますように。

心からの感謝をこめて。

２０１９年６月

蒼《あお》井《い》凜《りん》花《か》

蒼井凜花（あおい・りんか）

官能作家・コラムニスト。北海道旭川市出身。CA、オスカープロモーションのモデル、六本木のクラブママを経て、2010 年『夜間飛行』（二見文庫）でデビュー。その後、第二回団鬼六賞のファイナリスト作となった『愛欲の翼』、『欲情エアライン』『機内サービス』『ときめきフライト』『濡れ蜜アフター』『人妻エアライン』『奥さま限定クリーニング』（いずれも二見文庫）、『令嬢人形』（双葉文庫）、『女唇（ルージュ）の伝言』（講談社文庫）と精力的に作品を発表している。
小説・コラムの執筆の他、CA やホステスのモテテクで、TV、ラジオ、トークイベント等で幅広く活躍中。

日本文芸家クラブ所属
日本推理作家協会所属
一般社団法人・日本化粧品協会 公式 コスメコンシェルジュ

《オフィシャルウェブサイト》 https://rinka-aoi.com/
《ツイッターアカウント》 @RinkaAki
※読者との交流のため、週 2 回（火・金）動画配信サービス「ショールーム」にて、朝 8 時 30 分から生配信中。

装丁	bitter design
本文イラスト	スギザキメグミ
編集協力	斎藤真知子
撮影	木村武士（スタジオ ビーツ）
本文デザイン・DTP	朝日メディアインターナショナル

CA、モデル、六本木の高級クラブママを経た女流官能作家が教える

いつまでも魅力ある女性の秘密

2019 年 6 月 21 日　第 1 版第 1 刷発行

著　者　蒼井凜花
発行所　WAVE 出版
〒 102-0074 東京都千代田区九段南 3-9-12
TEL03-3261-3713　FAX03-3261-3823
E-mail:info@wave-publishers.co.jp
http://www.wave-publishers.co.jp

印刷・製本　中央精版印刷

NDC159　223p 19cm　ISBN978-4-86621-220-3